MARLON
TOMAZETTE

CONFORME
AS ALTERAÇÕES
TRAZIDAS
PELA LEI
14.112/2020

COMENTÁRIOS À REFORMA DA LEI DE RECUPERAÇÃO DE EMPRESAS E FALÊNCIA

2021 © Editora Foco

Autor: Marlon Tomazette
Editor: Roberta Densa
Diretor Acadêmico: Leonardo Pereira
Revisora Sênior: Georgia Renata Dias
Capa: Leonardo Hermano
Projeto Gráfico e Diagramação: Ladislau Lima e Aparecida Lima
Impressão miolo e capa: GRAFNORTE

Dados Internacionais de Catalogação na Publicação (CIP)

T655r

Tomazette, Marlon

Comentários à reforma da Lei de Recuperação de Empresas e Falência / Marlon Tomazette. - Indaiatuba, SP : Editora Foco, 2021.

144 p. ; 13,5cm x 21cm.

Inclui bibliografia e índice.

ISBN: 978-65-5515-246-3

1. Direito. 2. Direito empresarial. 3. Recuperação de empresas. 4. Falência. 5. Lei 14.112/2020. I. Título.

| 2021-536 | CDD 346.07 | CDU 347.7 |

Elaborado por Vagner Rodolfo da Silva – CRB-8/9410

Índice para catálogo sistemático:

1. Direito empresarial 346.07   2. Direito empresarial 347.7

DIREITOS AUTORAIS: É proibida a reprodução parcial ou total desta publicação, por qualquer forma ou meio, sem a prévia autorização da Editora Foco, com exceção do teor das questões de concursos públicos que, por serem atos oficiais, não são protegidas como Direitos Autorais, na forma do Artigo 8º, IV, da Lei 9.610/1998. Referida vedação se estende às características gráficas da obra e sua editoração. A punição para a violação dos Direitos Autorais é crime previsto no Artigo 184 do Código Penal e as sanções civis às violações dos Direitos Autorais estão previstas nos Artigos 101 a 110 da Lei 9.610/1998.

NOTAS DA EDITORA:

Atualizações do Conteúdo: A presente obra é vendida como está, atualizada até a data do seu fechamento, informação que consta na página II do livro. Havendo a publicação de legislação de suma relevância, a editora, de forma discricionária, se empenhará em disponibilizar atualização futura. Os comentários das questões são de responsabilidade dos autores.

Bônus ou Capítulo On-line: Excepcionalmente, algumas obras da editora trazem conteúdo extra no on-line, que é parte integrante do livro, cujo acesso será disponibilizado durante a vigência da edição da obra.

Erratas: A Editora se compromete a disponibilizar no site www.editorafoco.com.br, na seção Atualizações, eventuais erratas por razões de erros técnicos ou de conteúdo. Solicitamos, outrossim, que o leitor faça a gentileza de colaborar com a perfeição da obra, comunicando eventual erro encontrado por meio de mensagem para contato@editorafoco.com.br. O acesso será disponibilizado durante a vigência da edição da obra.

Impresso no Brasil (02.2021) • Data de Fechamento (02.2021)

2021
Todos os direitos reservados à
Editora Foco Jurídico Ltda.
Avenida Itororó, 348 – Sala 05 – Cidade Nova
CEP 13334-050 – Indaiatuba – SP
E-mail: contato@editorafoco.com.br
www.editorafoco.com.br

*Dedico este livro à minha princesa Kênia,
suave companheira, musa inspiradora, cujo sorriso é o melhor
presente para o meu trabalho, com todo o amor do universo.*

*Ao meu filho Leonardo,
presente de Deus que ilumina minha vida.*

Sumáro

1. CONTEXTUALIZAÇÃO 1

2. SUSPENSÃO DAS EXECUÇÕES, DA PRESCRIÇÃO E PROIBIÇÃO DAS MEDIDAS CONSTRITIVAS 5

2.1 Processos em que ocorrerá a suspensão 7

    2.1.1 Suspensão na recuperação extrajudicial 8

    2.1.2 Suspensão no reconhecimento do processo estrangeiro principal 9

2.2 Suspensão da prescrição 10

2.3 Suspensão das execuções 11

2.4 Proibição de medidas sobre o patrimônio do devedor ... 12

2.5 Prazo de duração das medidas 12

2.6 Créditos fiscais 13

2.7 Credores proprietários 14

3. VERIFICAÇÃO DE CRÉDITOS 17

3.1 Fase administrativa 19

3.2 Fase contenciosa 20

    3.2.1 Impugnações 20

    3.2.2 Habilitações retardatárias 22

3.3 Créditos fazendários 23

    3.3.1 Os créditos fazendários na recuperação judicial ... 23

    3.3.2 Os créditos fazendários na falência 23

3.4 Consolidação e homologação do quadro geral de credores 25

4. CONCILIAÇÃO E MEDIAÇÃO ... 29

4.1 Noções gerais ... 31

4.2 Conflitos que admitem a mediação e a conciliação na recuperação judicial ... 32

4.3 Homologação da autocomposição ... 33

4.4 Pedido de recuperação judicial ou extrajudicial após autocomposição ... 34

5. PEDIDO DE RECUPERAÇÃO JUDICIAL ... 37

5.1 Recuperação judicial – noções gerais ... 39

5.2 Legitimação para pedir a recuperação judicial ... 40

    5.2.1 Ser empresário ... 40

    5.2.2 Exercício regular há mais de 2 anos ... 41

    5.2.3 Não ser impedido ... 43

5.3 Autor do pedido ... 43

    5.3.1 Consolidação processual ... 43

    5.3.2 Consolidação substancial ... 47

5.4 Credores abrangidos ... 50

5.5 Petição inicial ... 50

5.6 Efeitos do ajuizamento ... 53

    5.6.1 Distribuição de lucros ... 53

    5.6.2 Conselho fiscal nas companhias abertas ... 54

    5.6.3 Restrições da disponibilidade do ativo não circulante ... 55

5.7 Constatação prévia ... 57

5.8 Decisão de processamento ... 58

6. PLANO DE RECUPERAÇÃO JUDICIAL ... 61

6.1 Elementos do plano ... 63

6.2 Apresentação do plano pelo devedor ... 65

6.3 Apresentação de plano alternativo pelos credores ... 65

6.4 Apreciação do plano de recuperação judicial ... 67

SUMÁRIO   VII

7. CONCESSÃO, CUMPRIMENTO DA RECUPERAÇÃO JUDICIAL E CONVOLAÇÃO EM FALÊNCIA 71

7.1 Concessão 73

7.2 Período de observação 74

7.3 Encerramento da recuperação judicial........................ 75

7.4 Convolação da recuperação judicial em falência.......... 76

8. RECUPERAÇÃO ESPECIAL 79

8.1 O plano especial de recuperação judicial..................... 81

8.2 Abrangência da recuperação especial 81

9. ATUAÇÃO DO DEVEDOR DURANTE A RECUPERAÇÃO JUDICIAL.. 83

9.1 Continuação dos negócios.. 85

9.2 Credores "parceiros" 85

9.3 Financiamento durante a recuperação judicial 87

10. CRÉDITOS FAZENDÁRIOS NA RECUPERAÇÃO JUDICIAL 89

10.1 Indisponibilidade do crédito público e a recuperação judicial.. 91

10.2 Parcelamento especial para o devedor em recuperação judicial.. 92

10.3 Parcelamento especial de tributos retidos 94

10.4 Transação para devedores em recuperação judicial....... 95

11. RECUPERAÇÃO EXTRAJUDICIAL............................. 97

11.1 Créditos abrangidos.. 99

11.2 Modalidades de recuperação extrajudicial 99

11.3 Homologação judicial 100

12. FALÊNCIA 101

12.1 Objetivos da falência... 103

12.2 O procedimento da falência 104

12.3 Desconsideração da personalidade jurídica na falência. 104

12.4 Falência frustrada 107

12.5 Realização do ativo 108

    12.5.1 Leilão 109

    12.5.2 Modalidades alternativas 110

    12.5.3 Impugnações 110

12.6 Pagamento do passivo 111

12.7 Encerramento da falência 116

12.8 Extinção das obrigações 117

13. INSOLVÊNCIA TRANSNACIONAL 119

13.1 Teorias sobre o tratamento da insolvência transnacional .. 121

13.2 Processo estrangeiro de insolvência............................. 123

13.3 Atuação do representante do processo estrangeiro 124

    13.3.1 Cooperação direta e indireta com autoridades e representantes estrangeiros 125

    13.3.2 Reconhecimento do processo estrangeiro......... 126

13.4 Efeitos do reconhecimento do processo estrangeiro....... 127

13.5 Processo concorrente no brasil 129

13.6 Credores estrangeiros e seu tramento 131

REFERÊNCIAS 133

1
CONTEXTUALIZAÇÃO

O crédito é um elemento essencial para a vida moderna em sociedade, sendo difícil imaginar uma sociedade que se desenvolva sem operações que envolvam negócios de crédito. Estes negócios devem ser entendidos como relações jurídicas de confiança para a troca de valor atuais por valores futuros. Assim, operações que integram o dia a dia de todos, como operações com cartões de crédito, aquisições de insumos e de bens de consumo, só alcançaram o nível que se tem hoje pelo surgimento e desenvolvimento do crédito.

Ocorre que, para o crédito se desenvolver, ele precisa ser protegido, ele precisa ser tutelado. Cabe ao direito criar instrumentos jurídicos que protejam a concessão do crédito e, dentre esses instrumentos, surge o tratamento das crises econômica e financeira. Há crise econômica quando uma atividade rende menos do que custa, trabalhando no prejuízo. Já a crise financeira ocorre com a incapacidade de se pagar pontualmente as obrigações assumidas. Essas crises trazem efeitos perniciosos para toda a economia e precisam ser solucionadas.

É possível e, até desejável, que as crises econômicas e financeiras encontrem suas soluções mediante acordos negociados no mercado, sempre tomando como parâmetro a boa-fé objetiva, seja numa esfera de consumo, seja numa esfera empresarial. Contudo, nem sempre é possível que se encontre a solução pela atuação do mercado, impondo-se soluções legais para essas crises. É neste particular que surgem as recuperações judiciais e extrajudiciais, bem como a falência.

No Brasil, a Lei 11.101/2005 é a responsável pelo tratamento legal das crises com os mecanismos da recuperação judicial, da recuperação extrajudicial e da falência. Embora se trate de uma lei, relativamente recente, é certo que ela necessitava de aprimoramentos, como ocorreu em vários outros países que reformaram o seu sistema legal de tratamento da crise empresarial.

Existem muitas iniciativas no congresso que visam ao tratamento das crises, sendo importante mencionar o Projeto de Lei 10.220/2018, oriundo do Ministério da Economia, a partir de um trabalho de vários juristas especializados na matéria. Na exposição de motivos desse projeto são trazidos cinco princípios norteadores das mudanças propostas:

"i) preservação da empresa: em razão de sua função social, a atividade economicamente viável deve ser preservada sempre que possível, pois gera riqueza, cria emprego e renda e contribui para o desenvolvimento econômico. Este princípio, entretanto, não deve ser confundido com a preservação – a qualquer custo – do patrimônio do empresário ou da empresa ineficiente;

ii) fomento ao crédito: o sistema legal dos países da América Latina – Brasil inclusive – apresenta um histórico de pouca proteção ao credor, o que gera uma baixa expectativa de recuperação de crédito, impactando negativamente esse mercado por meio da elevação do custo de capital. A correlação entre a melhoria do direito dos credores e o aumento do crédito é demonstrada na literatura empírica sobre o tema. Uma consequência prática desse princípio é que o credor não deve ficar, na recuperação judicial, em situação pior do que estaria no regime de falência. Garantir *ex-ante* boas condições de oferta de crédito amplia a oferta de financiamentos e reduz seu custo;

iii) incentivo à aplicação produtiva dos recursos econômicos, ao empreendedorismo e ao rápido recomeço (*fresh start*): célere liquidação dos ativos da empresa ineficiente, permitindo a aplicação mais produtiva dos recursos, aposta na reabilitação de empresas viáveis, remoção de barreiras legais para que empresários falidos – que não tenham cometido crimes – possam retornar ao mercado após o encerramento da falência;

iv) instituição de mecanismos legais que evitem um indesejável comportamento estratégico dos participantes da recuperação judicial/extrajudicial/falência que redundem em prejuízo social, tais como: proposição pelos devedores de plano de recuperação judicial deslocados da realidade da empresa (em detrimento dos credores), prolongamento da recuperação judicial apenas com fins de postergar pagamento de tributos ou dilapidar patrimônio da empresa etc.

v) melhoria do arcabouço institucional incluindo a supressão de procedimentos desnecessários, o uso intensivo dos meios eletrônicos de comunicação, a maior profissionalização do administrador judicial e a especialização dos juízes de direito encarregados dos processos".

Dentro dessas linhas mestras, vários projetos existentes foram reunidos no Projeto de Lei 6.229/2005 que foi aprovado na Câmara dos Deputados e no Senado, dando origem à Lei 14.112/2020.

2

SUSPENSÃO DAS EXECUÇÕES, DA PRESCRIÇÃO E PROIBIÇÃO DAS MEDIDAS CONSTRITIVAS

Nos processos que lidam com a insolvência do devedor, em sentido amplo, há sempre um caráter coletivo no tratamento da crise, seja para reorganizar o negócio, seja para liquidá-lo. Para permitir essa liquidação ou reorganização, a Lei 11.101/2005 sempre trouxe uma previsão de proteção do patrimônio do devedor e do próprio devedor contra a maioria das medidas dos credores, providenciando um período de suspensão de medidas contra o devedor e sobre o seu patrimônio (*automatic stay*). O artigo 6º da Lei 11.101/2005, que tratava desse tema, foi objeto de alterações pela Lei 14.112/2020, a qual, ademais, expandiu a aplicabilidade dessa medida em novos dispositivos.

2.1 PROCESSOS EM QUE OCORRERÁ A SUSPENSÃO

No texto original da Lei 11.101/2005, a suspensão das medidas sobre o patrimônio do devedor abrangia apenas os processos de falência e de recuperação judicial, não incluindo a recuperação extrajudicial. Com a Lei 14.112/2020, continua a existir a suspensão nos processos de falência e de recuperação judicial, mas ela passa a se aplicar também nas recuperações extrajudiciais e nos processos estrangeiros principais reconhecidos no país.

O artigo 6º da Lei 11.101/2005 continua a prever a suspensão das execuções, da prescrição e a proibição das medidas de constrição sobre o patrimônio do devedor, automaticamente, a partir da decisão de processamento da recuperação judicial e da decretação da falência. Embora existam exceções e limites temporais, a medida é essencial para proteger a massa de credores o e o devedor de um tumulto que impeça que se alcance o resultado buscado nesses processos[1].

O objetivo é dar tranquilidade para o devedor negociar o acordo da recuperação judicial. Se tudo fosse mantido como era antes do pedido de recuperação judicial, o devedor seria bombardeado por ações e medidas individuais dos credores de bloqueio e até de expropriação de bens. Para evitar isso, é que se impõe essa suspensão

---

1. RESTREPO, Cláudia. A Pro Debtor and Majority Approach to the "Automatic Stay" Provision of the Bankruptcy Code-In re Cowen Incorrectly Decided. Boston College Law Review, v. 59, issue 9, (2018). Disponível em: lawdigitalcommons.bc.edu/bclr/vol59/iss9/537/. Acesso em: 07 jan. 2021.

por determinado período, para que o devedor tenha condições de se concentrar na negociação do acordo.

No mesmo sentido, na falência a suspensão se impõe como uma tentativa de evitar uma quebra da ordem de preferência legal para pagamento dos credores. O processo de falência funciona como uma execução coletiva que quer pagar todos os credores, reunindo todos os bens do devedor. Como nem sempre é possível o pagamento de todos os credores, se optou por estabelecer uma ordem legal de prioridades para pagamento dos credores, concentrada nesse processo coletivo. Continuar a permitir medidas individuais seria permitir um grande tumulto e um potencialmente desvirtuamento da ordem de pagamento. Sem a suspensão, a falência não funcionaria.

2.1.1 Suspensão na recuperação extrajudicial

Na recuperação extrajudicial, tal medida não era, a princípio, prevista, pois não havia um período de negociação, pois o acordo já seria firmado extrajudicialmente e, se possuísse uma adesão expressiva, vincularia todos os créditos das classes abrangidas. Contudo, a Lei 14.112/2020 mudou essa ideia, passando a trazer uma recuperação extrajudicial diferente que pode contar com um período de negociação, além de ter reconhecido a necessidade de aplicar a mesma suspensão, a partir do pedido.

Com as mudanças trazidas pela Lei 14.112/2020, o devedor pode pedir a homologação da recuperação extrajudicial se o acordo já conta com a adesão de pelo menos 1/3 (um terço) dos créditos totais abrangidos por cada classe, desde que assuma o compromisso de em até 90 dias, alcançar a concordância de credores que representem mais da metade dos créditos de cada espécie abrangidos pelo plano de recuperação extrajudicial. Pensando nisso, é que foi introduzido o artigo 163, § 8º na Lei 11.101/2005, trazendo a previsão da suspensão, nos mesmos moldes da recuperação judicial.

Portanto, se o devedor pede a homologação judicial do plano de recuperação extrajudicial, que conte com a anuência de pelo menos 1/3 (um terço) dos créditos totais abrangidos por cada classe, ele obterá de imediato a suspensão das execuções, da prescrição e das medidas de constrição em relação ao seu patrimônio. Para que

2 • EXECUÇÕES, PRESCRIÇÃO E MEDIDAS CONSTRITIVAS 9

esse efeito seja produzido automaticamente e ratificado pelo juiz, ao receber o pedido, é fundamental que ele tenha assumido o compromisso de alcançar o quórum legal (maioria absoluta dos créditos de cada classe) em 90 dias.

Além disso, mesmo que o devedor não precise do período de negociação, a suspensão também se aplicará pois o artigo 163, § 8º fala em aplicação da suspensão a partir do pedido de recuperação extrajudicial, desde que alcance o quórum mínimo de 1/3 dos créditos de cada classe. Assim, se existe mais do que o quórum mínimo está preenchido o requisito necessário para que a suspensão se opere. Mesmo sem um período de negociação, o devedor precisar de uma folga para vincular os credores aos termos do plano de recuperação extrajudicial, evitando, desse modo, medidas que possam inviabilizar o cumprimento do acordo já negociado.

2.1.2 Suspensão no reconhecimento do processo estrangeiro principal

Quando surgiu a Lei 11.101/2005, em nenhum momento, tratou-se especificamente da insolvência internacional[2], no texto original da Lei. Com a Lei 14.112/2020, foi trazido um capítulo inteiro para a Lei 11.101/2005 – arts. 167-A a 167-Y – tratando da insolvência transnacional. Tal tema será objeto de um estudo mais a frente, mas, desde já, é oportuno mencionar a suspensão trazida pelo artigo 167-M da Lei 11.101/2005.

O sistema brasileiro seguiu o padrão da Lei Modelo da UNCITRAL – United Nations Commission On International Trade Law – com pequenas diferenças. Adota-se assim no país, o universalismo modificado[3], reconhecendo um processo de insolvência como principal, mas, permite-se o surgimento de processos não principais em outros países, para tratar de ativos e estabelecimentos ali localizados. Essa convivência de vários processos de insolvência passa necessariamente por práticas de cooperação entre as cortes locais.

---

2. CAMPANA, Paulo Fernando. *Falência Transnacional. GEP* – Grupo de Estudos Preparatórios do Congresso de Direito. Disponível em: www.congressodireitocomercial. org.br/site/images/stories/pdfs/gep6.pdf. Acesso em: 07 jan. 2021.
3. HANNAN, Neil. *Cross-Border Insolvency*: the enactment and interpretation of the UNCITRAL Model Law. Australia: Springer, 2017, p. 2.

A insolvência transnacional sempre vai lidar com processos de caráter coletivo, seja uma liquidação, seja uma reorganização ou seus equivalentes, para lidar com um estado de insolvência. Podem conviver vários processos diferentes em países diversos, sendo um deles o processo principal e os demais, processos não principais. O processo principal será aquele em que o devedor tenha o seu centro de interesses principais, entendido como o núcleo vital das suas atividades. O centro de interesses principais é presumido o local do domicílio da pessoa física ou da sede estatutária da pessoa jurídica, salvo prova em contrário.

Se existe um processo de insolvência estrangeiro, é possível que o representante desse processo requeira no Brasil o reconhecimento desse processo estrangeiro, independentemente de atuação diplomática ou dos tribunais superiores. Havendo o reconhecimento do processo estrangeiro no Brasil, ocorrerá automaticamente a suspensão das execuções, das medidas sobre o patrimônio do devedor e da prescrição (Lei 11.101/2005 – art. 167-M). Tal efeito não ocorrerá se já existir à época do reconhecimento um processo brasileiro concorrente. Em todo caso, a suspensão deverá considerar os termos do já citado artigo 6º da Lei 11.101/2005.

2.2 SUSPENSÃO DA PRESCRIÇÃO

Tomando como parâmetro os processos já mencionados, haverá a suspensão da prescrição contra o devedor. Com a Lei 14.112/2020, tal efeito, que já era previsto desde o texto original da Lei 11.101/2005, passou apenas a esclarecer que essa suspensão atinge apenas as obrigações sujeitas ao próprio regime da Lei 11.101/2005. Ficou apenas especificado que a suspensão da prescrição não abrange todas as obrigações do devedor, mas apenas aquelas sujeitas ao processo em questão.

Assim, se a obrigação está abrangida pela Lei 11.101/2005, participando do processo, a prescrição da pretensão para a exigibilidade da referida obrigação fica suspensa dentro dos parâmetros previstos. De outro lado, caso se trate de um crédito extraconcursal (ex.: garantido por alienação fiduciária), sua prescrição continua a correr normalmente, em qualquer tipo de processo.

2.3 SUSPENSÃO DAS EXECUÇÕES

Além da suspensão da prescrição, haverá a suspensão das execuções contra o devedor, inclusive daquelas dos credores particulares dos sócios solidários. No texto original da Lei 11.101/2005, se falava em suspensão de todas as ações e execuções, mas, como havia muitas ações que continuavam a correr, se preferiu ao alterar o texto, deixar claro que a suspensão é apenas das execuções. Repita-se que, a ideia é evitar uma quebra da ordem de preferência entre os credores, numa falência, ou numa recuperação judicial dar um tempo de tranquilidade, para que o devedor possa negociar o seu acordo.

Em qualquer caso, a suspensão das execuções também se limita às obrigações abrangidas pelo processo, permitindo-se o prosseguimento de execuções por obrigações extraconcursais. Isso não significa que as obrigações extraconcursais não sofrerão nenhum impacto, pois o artigo 6º, §§ 7º-A e 7º-B vai tratar dessas situações, dizendo que não haverá a suspensão do processo, mas protegendo os bens essenciais do devedor.

Além disso, é certo que continua válida a orientação do STJ firmada na Súmula 581 que diz: "a recuperação judicial do devedor principal não impede o prosseguimento das ações e execuções ajuizadas contra terceiros devedores solidários ou coobrigados em geral, por garantia cambial, real ou fidejussória". Vale dizer, continuarão a correr normalmente as execuções contra os coobrigados do devedor que faliu ou pediu recuperação judicial.

Nem todas as medidas judiciais serão suspensas, pois o que se quer evitar é uma quebra de igualdade entre os credores ou um tumulto que impeça o credor de negociar um acordo. Desse modo, não são suspensas as ações de conhecimento, até a definição do valor devido. Definido o valor, não se inicia a fase de cumprimento de sentença, ficando suspenso o processo.

Terão um regime especial as execuções fiscais ou as ações dos credores não abrangidos pelo processo (Lei 11.101/2005 – art. 49, §§ 3º e 4º).

2.4 PROIBIÇÃO DE MEDIDAS SOBRE O PATRIMÔNIO DO DEVEDOR

Além da suspensão da prescrição e das execuções, haverá também uma proibição de medidas de caráter constritivo sobre o patrimônio do devedor. A ideia é que o patrimônio do devedor deve estar a sua disposição para o eventual acordo com seus credores ou à disposição do administrador judicial para a liquidação patrimonial forçada. Logo, não se admite que credores individuais mantenham seus direitos, em detrimento da coletividade nesses processos.

Por essas razões, qualquer forma de penhora, retenção, arresto, sequestro, busca e apreensão e constrição judicial ou extrajudicial sobre os bens do devedor fica proibida. Repita-se que a ideia é manter o patrimônio existente do devedor à disposição das finalidades de cada processo. Em última análise, trata-se de uma prevalência dos interesses da coletividade de credores sobre a individualidade desses credores.

Mais uma vez, tal efeito limita-se aos credores abrangidos pelo processo. Desse modo, um credor que participa do processo não pode reter bens do devedor ou buscar judicialmente medidas de penhora, arresto, sequestro ou qualquer medida de constrição do patrimônio do devedor. De outro lado, um credor não sujeito ao processo, como o credor garantido por alienação fiduciária, poderá realizar a busca e apreensão dos bens que lhe foram dados em garantia.

2.5 PRAZO DE DURAÇÃO DAS MEDIDAS

No regime original da Lei 11.101/2005, o prazo de suspensão das execuções e da prescrição era de 180 dias para a recuperação judicial (art. 6º, § 4º), mas a jurisprudência vinha admitindo a prorrogação do prazo[4], mas, não de forma generalizada.

Com a Lei 14.112/2020, foi mantido o prazo de 180 dias, mas prevendo-se apenas uma prorrogação, por igual período, em caráter excepcional, desde que o devedor não tenha concorrido para a demo-

---

4. STJ – AgInt no AgInt no REsp 1621080/DF, Rel. Ministro Antonio Carlos Ferreira, Quarta Turma, julgado em 19.10.2020, DJe 26.10.2020.

2 • EXECUÇÕES, PRESCRIÇÃO E MEDIDAS CONSTRITIVAS 13

ra. Assim, as execuções e a prescrição ficam, a princípio, suspensas por 180 dias, admitindo-se uma prorrogação por mais 180 dias, em caráter excepcional. O mesmo prazo é aplicável para a proibição das medidas de constrição sobre o patrimônio do devedor.

Encerrados esses prazos iniciais de 180 ou 360 dias, tudo volta ao normal, isto é, execuções e prescrições voltam a correr e medidas sobre o patrimônio do devedor podem ser tomadas. Contudo, a suspensão das execuções e da prescrição e a proibição de medidas sobre o patrimônio do devedor, podem continuar por mais 180 dias, nos casos de apresentação de um plano alternativo pelos credores.

A princípio, compete ao devedor apresentar um plano de recuperação judicial, em 60 dias, após a decisão de processamento, como uma espécie de proposta de acordo. Dentro dos prazos previstos na Lei 11.101/2005, tal plano deveria ser submetido e apreciado pelos credores dentro dos 180 dias da suspensão ou pelo menos dos 360 dias, no caso de prorrogação. Ocorre que, a realidade vem mostrando que é bem difícil conseguir uma votação nesse prazo. Assim, se não houver uma deliberação sobre o plano dentro do prazo inicial de suspensão de 180 ou 360 dias, passa-se a admitir que os credores também apresentem um plano alternativo para votação, nos 30 dias seguintes. Nesse caso, a suspensão e a proibição continuam a ser aplicadas, mesmo depois do prazo inicial de suspensão, por mais 180 dias após o decurso do prazo inicial.

A mesma faculdade para os credores é aberta, se o plano foi submetido à deliberação e foi rejeitado, mas, a assembleia aprovou a abertura de prazo de 30 dias para os credores elaborarem um plano alternativo de recuperação. Também nesse caso, a suspensão e a proibição continuarão por mais 180 dias, da data da assembleia que rejeitou o plano do devedor e abriu prazo para apresentação do plano alternativo.

2.6 CRÉDITOS FISCAIS

A suspensão da prescrição prevista na Lei 11.101/2005 não se aplica aos créditos fiscais, na medida em que a questão da prescrição nos créditos tributários depende de lei complementar, pois representa uma norma geral de direito tributário (CF/88 – art. 146). Nesse sentido, o STF vem afirmando que o "art. 146, III, b, da Constituição Federal dispõe caber a lei complementar estabelecer normas gerais em matéria de legislação tributária, especialmente sobre obrigação, lançamento, crédito, prescrição e decadência tributários"[5].

No que tange às execuções fiscais, é necessário fazer uma distinção entre os casos de falência e os casos de recuperação judicial.

Nas falências, como o objetivo do processo é pagar os credores de acordo com uma ordem de preferência, os créditos fazendários, de modo geral, inclusive os fiscais, devem se submeter a uma ordem de pagamento. Dentro dessa perspectiva, foi criado, pelo artigo 7º-A da Lei 11.101/2005, o incidente de classificação do crédito fazendário, havendo previsão expressa de suspensão das execuções fiscais no caso (Lei 11.101/2005 – art. 7º-A, § 4º, V).

Já nas recuperações judiciais, havia uma previsão genérica de não suspensão das execuções fiscais, a qual foi revogada e substituída por uma nova previsão que diz que não se aplica às execuções fiscais a suspensão prevista no artigo 6º, I, II e III da Lei 11.101/2005. Logo, as execuções fiscais continuam a correr, a prescrição continua a correr e as medidas constritivas podem ser adotadas. Contudo, o juízo da recuperação passa a ter competência para determinar a substituição das medidas constritivas que recaiam bens de capital essenciais do devedor até o encerramento da recuperação judicial.

2.7 CREDORES PROPRIETÁRIOS

Existem determinados credores que são, em última análise, garantidos por um direito de propriedade. Fala-se aqui daqueles indicados nos artigos 49, § 3º e 86, II da Lei 11.101/2005 (alienação fiduciária, arrendamento mercantil, compra e venda com reserva de domínio, promessa de compra e venda de imóveis, com cláusula de irrevogabilidade e irretratabilidade e adiantamento de contrato de câmbio à exportação).

---

5. STF – RE 917285, Relator(a): Dias Toffoli, Tribunal Pleno, julgado em 18.08.2020, Processo Eletrônico Repercussão Geral – Mérito DJe-243 DIVULG 05-10-2020 PUBLIC 06.10.2020.

Numa falência, em regra, esses credores poderão promover o pedido de restituição do bem (Lei 11.101/2005 – art. 85) de sua propriedade e utilizá-lo para sua satisfação. De outro lado, até por conta dessa condição muito favorável numa falência, tais credores não participam do acordo de recuperação judicial. Em razão disso, eles não sofrem a suspensão das execuções e da prescrição ou a proibição de atos de constrição, justamente por não serem abrangidos pela recuperação judicial. Apesar disso, há pequenas mudanças nas ações.

De fato, as medidas tomadas pelos credores proprietários não sofrem a suspensão ou a proibição de que trata o artigo 6º da Lei 11.101/2005. Contudo, embora não participem do acordo, eles não devem atrapalhar a realização do acordo. Para compatibilizar interesses, o artigo 6º, § 7º-A da Lei 11.101/2005 atribuiu ao juízo da recuperação judicial a competência para determinar a suspensão dos atos de constrição que recaiam sobre bens essenciais às atividades do devedor, durante o período de suspensão já mencionado.

No choque entre o interesse do credor proprietário e a preservação do negócio, se dá prevalência à preservação durante o prazo de suspensão. Se o bem é essencial para a atividade, a continuação do negócio justifica sua proteção, ao menos durante certo prazo. Ultrapassado o prazo, os direitos dos credores voltam a poder ser exercidos normalmente, sem restrição.

Em complemento, o artigo 49, § 3º da Lei 11.101/2005 veda a venda ou retirada de bens de capital essenciais durante o mesmo prazo. Nesse dispositivo, se fala em bens de capital, no sentido de bens utilizados na atividade produtiva, que estejam na posse do devedor e não esvaziem os direitos do credor proprietário. Nessa situação, se considerou que os recebíveis poderiam ser utilizados pelo credor normalmente, pois não seria um bem de capital[6]. Além disso, é certo que a previsão do artigo 49, § 3º fala em retirada ou alienação do estabelecimento, envolvendo uma apreensão ou uma venda.

Vê-se, portanto, que as previsões do artigo 49, § 3º e do artigo 6º, § 7º-A são diferentes. A previsão do artigo 49, § 3º é automática, já a do artigo 6º, § 7º-A depende de uma intervenção judicial. O artigo

---

6. STJ – REsp 1758746/GO, Rel. Ministro Marco Aurélio Bellizze, Terceira Turma, julgado em 25.09.2018, DJe 01.10.2018.

49, § 3º fala em retirada do estabelecimento ou venda, ao passo que o artigo 6º, § 7º-A fala em atos de constrição de modo geral, abrangendo qualquer tipo de ato que possa impedir o uso do bem pelo devedor.

Registre-se, por fim, que foi mantido o artigo 199 da Lei 11.101/2005 que diz que em nenhuma hipótese ficará suspenso o exercício de direitos pelos credores dos contratos de locação, arrendamento mercantil ou de qualquer outra modalidade de arrendamento de aeronaves ou de suas partes. Vale dizer, o arrendador de uma aeronave ou de uma turbina não terá seus direitos suspensos, mesmo durante o período de suspensão.

3

VERIFICAÇÃO DE CRÉDITOS

Tanto na falência, quanto na recuperação judicial, é essencial que se identifique os credores abrangidos pelo processo, para saber quem vai receber e quem vai participar do acordo. A Lei 14.112/2020 manteve a essência do procedimento, mas trouxe algumas novidades, como serão vistas.

3.1 FASE ADMINISTRATIVA

Nas falências e nas recuperações judiciais, a princípio, a competência para a identificação dos créditos abrangidos é do administrador judicial, sendo apenas eventual a participação do juiz nessa identificação. Daí falar-se numa fase administrativa da verificação de créditos que é conduzida pelo próprio administrador judicial.

Em ambos os processos, haverá a publicação de uma lista de credores, que foi elaboradora pelo próprio devedor. A partir da publicação dessa lista, inicia-se um prazo de 15 dias corridos para apresentação de habilitações e divergências, que serão dirigidas ao administrador judicial. As habilitações são feitas por quem não consta da lista e quer ser admitido no processo. Já as divergências são feitas por quem está na lista, mas discorda do valor ou da classificação do seu crédito. A partir daí, o administrador judicial terá 45 dias para elaborar uma relação de credores.

A fase administrativa, em seu procedimento, não foi alterada pela Lei 14.112/2020. Contudo, numa tentativa de maior agilização do processo, a Lei 14.112/2020 inseriu nas competências do administrador judicial a obrigação de manter endereço eletrônico específico, para o recebimento de pedidos de habilitação ou a apresentação de divergências e fornecer modelos, salvo decisão judicial em sentido contrário (Lei 11.101/2005 – art. 22, I, l). A ideia, muito útil, é agilizar o processo e retirar dúvidas de procedimentos que poderão ser adotados diretamente pelos credores, sem a participação de advogados.

Toda a fase administrativa é conduzida sem a participação do juiz que só intervirá no processo se alguém o provocar, ajuizando as medidas da chamada fase contenciosa da verificação de créditos.

3.2 FASE CONTENCIOSA

Diante do fim da fase administrativa, é possível que já tenhamos um quadro definitivo de credores, ressalvados os créditos fazendários. Ocorre que, nem sempre os envolvidos no processo estão de acordo com o que o foi apurado pelo administrador judicial. Neste caso, quem pretende que alguma mudança seja feita deve ajuizar ações, dirigidas ao juiz da recuperação judicial ou da falência. Essas ações podem ser as impugnações e as habilitações retardatárias.

3.2.1 Impugnações

As impugnações são ações que questionam as decisões tomadas na fase administrativa. Assim, credores que não foram incluídos na relação do administrador judicial podem promover impugnações a favor de seus créditos, buscando sua inclusão no processo. Do mesmo modo, aqueles que não tiveram suas divergências acolhidas, podem promover impugnações para alterar o valor ou a classificação do seu crédito. De outro lado, é possível também o ajuizamento de impugnações pelo Comitê, qualquer credor, o devedor ou seus sócios ou o Ministério Público, pretendendo a exclusão, redução de valor ou rebaixamento de classificação de determinado crédito incluído na relação de credores.

Seja a favor do crédito, seja contra o crédito, a impugnação deve ser ajuizada no prazo de 10 dias após a publicação da relação de credores e tramitará por um procedimento especial prevista na própria. No procedimento serão ouvidos o próprio credor impugnado, no prazo de 5 dias, o devedor e o comitê de credores, no prazo comum de 5 dias e o administrador judicial, também no prazo de 5 dias. A impugnação será julgada por sentença, sujeita ao recurso de agravo (Lei 11.101/2005 – art. 17).

Do apresentado até agora, não houve nenhuma mudança em relação ao regime original da Lei 11.101/2005. A mudança que ocorreu abrange a admissão expressa de impugnações retardatárias. Apesar da manutenção de um prazo para impugnações, os parágrafos sétimo e oitavo do artigo 10 da Lei 11.101/2005 passam a mencionar essa figura. Embora parte da doutrina já admitisse as impugnações retardatárias[1], o STJ vinha se firmando no sentido da inadmissibilidade das impugnações fora do prazo[2]. Com a Lei 14.112/2020 acaba a discussão, restando plenamente admissível a impugnação retardatária.

As impugnações retardatárias acarretarão a reserva do valor (Lei 11.101/2005 – art. 10, § 8º), mas seu julgamento não é essencial nem para a formação do quadro geral de credores, nem para os rateios na falência.

O artigo 10, § 7º da Lei 11.101/2005 afirma que o Quadro Geral de Credores será formado pela relação de credores acrescida das decisões das impugnações tempestivas e das habilitações e impugnações retardatárias julgadas até o momento. Não é necessário que se aguarde o julgamento de todas as habilitações e impugnações retardatárias. Com as reservas de valor, não haverá maiores prejuízos, mas, as impugnações retardatárias serão redistribuídas ao juízo da recuperação judicial como ações autônomas e observarão o rito comum.

Além disso, o artigo 16 da Lei 11.101/2005 admite um quadro geral de credores provisório para realização do rateio na falência e o pagamento do rateio para determinada classe, desde que as impugnações tempestivas já tenham sido julgadas, não importando o estágio das impugnações retardatárias. Com as reservas de valor, não haverá maiores prejuízos, mas, é possível que o rateio seja feito rapidamente, antes mesmo do ajuizamento da impugnação e, nessa situação, o rateio pode ser concluído em detrimento daquele credor impugnante ou com o pagamento aos créditos impugnados por terceiros.

Não há qualquer previsão sobre o voto dos créditos que são objeto da impugnação retardatária. Diante disso, um caminho seria

---

1. ALTEMANI, Renato Lisboa; SILVA, Ricardo Alexandre da. *Manual de verificação e habilitação de créditos na lei de falências e recuperação de empresas*. São Paulo: Quartier Latin, 2006, p. 180; CAMPINHO, Sérgio. *Falência e recuperação de empresa: o novo regime de insolvência empresarial*. 3. ed. Rio de Janeiro: Renovar, 2008, p. 116; NEGRÃO, Ricardo. *Manual de direito comercial e de empresa*. 2. ed. São Paulo: Saraiva, 2007, v. 3, p. 69-70; COELHO, Fábio Ulhoa. *Comentários à nova lei de falências e recuperação de empresas*. São Paulo: Saraiva, 2005, p. 49.

2. STJ – Agint no Aresp 1433517/SP, rel. Ministro Marco Aurélio Bellizze, Terceira Turma, julgado em 10.02.2020, DJe 13.02.2020; REsp 1704201/RS, Rel. Ministro Paulo De Tarso Sanseverino, Rel. p/ Acórdão Ministra Nancy Andrighi, Terceira Turma, julgado em 07.05.2019, DJe 24.05.2019.

equiparar tais aos créditos às habilitações retardatários, retirando--lhe o voto até o julgamento definitivo, salvo os trabalhistas. Ocorre que as impugnações tem um cabimento muito mais amplo, sendo difícil equipará-la às habilitações retardatárias. Assim, valerá o que estiver em vigência no momento, isto é, se o crédito foi impugnado por um terceiro e está na relação de credores, ele terá direito de voto normalmente, enquanto não houver uma decisão que afaste o crédito. De outro lado, se a impugnação é a favor do crédito, também valerão as condições de momento, não se permitindo, por exemplo, o voto daquele crédito que não consta da relação de credores, até que haja um julgamento em sentido contrário.

3.2.2   Habilitações retardatárias

Além das impugnações, as habilitações retardatárias integram a fase contenciosa da verificação de créditos. Elas representam ações, feitas por quem não está na lista e não se habilitou na fase administrativa, com o objetivo de ser incluídos no processo. O procedimento a ser seguido é o procedimento das impugnações. Os credores retardatários ficarão sem voto, salvo os trabalhistas e perderão direito aos rateios já efetuados antes do seu julgamento.

Com a Lei 14.112/2020, passa-se a prever que as habilitações retardatárias terão prazo decadencial de 3 anos, a partir da data da decretação da falência (Lei 11.101/2005 – art. 10, § 10). Além disso, elas implicarão, automaticamente, a reserva de valores para sua satisfação (Lei 11.101/2005 – art. 10, § 8º), independentemente de qualquer discussão. Ainda que haja a reserva, se houve alguma parte incontroversa, essa parte poderá ser paga imediatamente.

Assim como as impugnações, as habilitações retardatárias, pendentes de julgamento, não impedirão a consolidação do quadro geral de credores, nem os rateios na falência. A consolidação do quadro não precisa aguardar o julgamento das habilitações retardatárias e, uma vez, efetivado implica sua redistribuição ao juízo da recuperação judicial como ações autônomas e observarão o rito comum. Na falência, os rateios podem ser efetuados até com quadro provisório, não precisando aguardar o julgamento das habilitações retardatárias da classe a ser paga.

3.3 CRÉDITOS FAZENDÁRIOS

Os créditos fazendários são aqueles detidos pela fazenda pública. Sobre a Fazenda Pública em juízo, José dos Santos Carvalho Filho afirma que "encontrando-se tal referência no processo, deverá ela ser interpretada como indicativa de que a parte é a União, o Estado, o Município e, enfim, a pessoa jurídica a que se referir a Fazenda"[3]. De modo similar, Leonardo José Carneiro da Cunha atribui essa expressão à pessoa jurídica de direito público em juízo[4]. Desse modo, os créditos fazendários são aqueles detidos por essas pessoas jurídicas de direito público interno (União, Estados, Distrito Federal e Municípios).

3.3.1 Os créditos fazendários na recuperação judicial

Pela natureza pública do crédito e da disciplina desse crédito, não é possível imaginar a participação dos créditos fazendários no processo de recuperação judicial[5], pelos limites legais à celebração de acordos. Admite-se, porém, a realização de parcelamento especial (Lei 10.522/2002 – art. 10-A) ou de transação (Lei 10.522/2002 – art. 10-C).

3.3.2 Os créditos fazendários na falência

De outro lado, na falência, os créditos fazendários, mesmo com seus privilégios e a presunção de liquidez e certeza decorrente da inscrição em dívida ativa, participam do processo, por não serem os primeiros a serem pagos. Para que ocorra essa participação dos créditos fazendários na falência, é essencial que eles sejam incluídos no quadro geral de credores, o que exige sua participação no

---

3. CARVALHO FILHO, José dos Santos. *Manual de Direito Administrativo*. 22. ed. Rio de Janeiro: Lumen Juris, 2009. p. 1044.
4. CUNHA, Leonardo José Carneiro da. *A Fazenda Pública em Juízo*. 7. ed. São Paulo: Dialética, 2009. p. 15.
5. Já houve decisão do TJRJ admitindo a participação das multas aplicadas pela ANATEL na recuperação judicial da OI. (TJRJ – 0057446-63.2017.8.19.0000 – Oitava Câmara Cível – Agravo De Instrumento –Des(a). Mônica Maria Costa Di Piero – Julgamento: 18.09.2018).

procedimento de verificação de créditos, por meio do incidente de classificação do crédito público, introduzido pela Lei 14.112/2020.

No regime anterior à Lei 14.112/2020, as execuções fiscais não eram suspensas, de acordo com a visão da maioria da doutrina[6]. No novo regime, as execuções fiscais ficarão suspensas com a decretação da falência (Lei 11.101/2005 – art. 7º-A, § 4º, V), sem prejuízo da possibilidade de prosseguimento contra os corresponsáveis.

Atualmente, ao ter sua falência decretada, o devedor deve juntar aos autos, para ser publicada, uma lista de credores, incluindo os créditos fazendários. Além disso, devem ser intimados eletronicamente todas as fazendas públicas dos locais, nos quais o devedor possuir estabelecimentos. As fazendas públicas intimadas que não constarem da lista poderão, no prazo de 15 dias, alegar nos autos serem detentoras de crédito contra o falido, numa espécie de habilitação fazendária. Aquelas fazendas públicas que constarem da lista somadas àquelas que fizerem essa habilitação serão consideradas as fazendas públicas credoras no processo de falência, sem prejuízo de eventuais habilitações retardatárias.

Para cada uma das fazendas públicas credoras, será instaurado, de ofício, um incidente de classificação do crédito público. Nesse

---

6. MANDEL, Júlio Kahan. Das disposições comuns. In: PAIVA, Luiz Fernando Valente de (Coord.). *Direito falimentar e a nova lei de falências e recuperação de empresas*. São Paulo: Quartier Latin, 2005, p. 131.

ALMEIDA, Amador Paes de. *Curso de falência e recuperação de empresas*. 21. ed. São Paulo: Saraiva, 2005, p. 140; COELHO, Fábio Ulhoa. *Comentários à nova lei de falências e recuperação de empresas*. São Paulo: Saraiva, 2005, p. 38; FAZZIO JÚNIOR, Waldo. Nova lei de falência e recuperação de empresas. São Paulo: Atlas, 2005, p. 287; MIRETTI, Luiz Antonio Caldeira. Os créditos tributários no processo de recuperação de empresas e falência. In: MACHADO, Rubens Approbato. *Comentários à nova lei de falências e recuperação de empresas*. São Paulo: Quartier Latin, 2005, p. 274-275; PERIN JÚNIOR, Écio. *Curso de direito falimentar e recuperação de empresas*. 3. ed. São Paulo: Método, 2006, p. 321; PACHECO, José da Silva. *Processo de recuperação judicial, extrajudicial e falência*. 2. ed. Rio de Janeiro: Forense, 2007, p. 19; CAMPOS BATALHA, Wilson de Souza; RODRIGUES NETTO, Nelson; RODRIGUES NETTO, Sílvia Maria Labate Batalha. *Comentários à lei de recuperação judicial de empresas e falência*. 4. ed. São Paulo: LTr, 2007, p. 49; DE LUCCA, Newton. In: DE LUCCA, Newton; SIMÃO FILHO, Adalberto (Coord.). *Comentários à nova lei de recuperação de empresas e de falências*. São Paulo: Quartier Latin, 2005, p. 118; CAMPINHO, Sérgio. *Falência e recuperação de empresa*: o novo regime de insolvência empresarial. 3. ed. Rio de Janeiro: Renovar, 2008, p. 342; NEGRÃO, Ricardo. *Manual de direito comercial e de empresa*. 4. ed. São Paulo: Saraiva, 2009, v. 3, p. 327.

incidente, as fazendas públicas serão intimadas para, em 30 dias, apresentarem ao juiz ou ao administrador judicial a relação completa dos seus créditos inscritos em dívida ativa. Os créditos ainda não inscritos em dívida ativa ou com exigibilidade suspensa poderão ser informados, desde já, ou em momento posterior por meio de habilitações retardatárias. Se a Fazenda Pública credora não informar seus créditos, o incidente será o incidente será arquivado, mas, nada impede que a fazenda pública requeira o desarquivamento do incidente que tramitará como uma habilitação retardatária.

Decorrido o prazo de 30 dias para as fazendas públicas credoras, o falido, os demais credores e o administrador judicial terão 15 dias, para apresentar objeções sobre os cálculos e a classificação dos créditos fazendários apresentadas. As objeções funcionarão com espécies de contestações aos cálculos ou à classificação dos créditos informados, pois, só estes temas podem ser debatidos no incidente. Discussões sobre a existência, a exigibilidade e o valor do crédito fazendário deverão ser objeto de ação própria perante o juízo da execução fiscal daquele ente.

Ultrapassado o prazo das objeções, os créditos que não tiverem objeção serão incluídos no quadro geral de credores. Já nos créditos que foram objetados, a Fazenda Pública credora terá o prazo de 10 dias para prestar esclarecimentos sobre as objeções. Em todo caso, os créditos fazendários terão uma reserva de valor até o seu julgamento definitivo. Ao julgar o incidente, não haverá condenação em honorários, ainda que tenha havido objeção (Lei 11.101/2005 – art. 7º-A, § 8º).

Antes da consolidação do quadro geral de credores, o juiz ouvirá, no prazo comum de 10 dias, o administrador e a Fazenda Pública credora sobre a situação do crédito objeto de reserva.

3.4 CONSOLIDAÇÃO E HOMOLOGAÇÃO DO QUADRO GERAL DE CREDORES

Não havendo impugnações, ou mesmo habilitações retardatárias, o quadro geral de credores será a relação elaborada pelo administrador judicial. Na falência, a relação deve ser acrescida das definições nos incidentes de classificação do crédito público para representar um quadro geral de credores. Assim sendo, essa relação, com os acréscimos das fazendas públicas, se for o caso, será homologado, pelo juiz da falência. Tal quadro tem a pretensão de ser uma definição dos credores abrangidos pelo processo, só podendo ser alterado nas hipóteses excepcionais do artigo 19, a ação de inclusão e a ação de retificação do quadro.

Se forem apresentadas impugnações à relação de credores elaborada pelo administrador judicial ou habilitações retardatárias, haverá um trabalho maior de definição do quadro geral de credores, pois ele deverá levar em contar as decisões nesses processos. Assim, o quadro geral de credores será a relação de credores, acrescida dos incidentes de classificação do crédito público, se for o caso, com os ajustes decorrentes das decisões das habilitações retardatárias e das impugnações tempestivas e retardatárias.

Como tal julgamento pode demorar, havia situações indefinidas e não resolvidas no regime original da Lei 11.101/2005 que passam a ser melhor resolvidos com as mudanças introduzidas pela Lei 14.112/2020.

Na recuperação judicial, o quadro geral de credores poderá ser consolidada provisoriamente, considerando-se o julgamento das impugnações tempestivas e com as habilitações e as impugnações retardatárias decididas até o momento da sua formação. Com esse quadro provisório, poderá haver a votação do plano de recuperação ou qualquer medida que seja necessária. Isso não significa que as demais impugnações e habilitações retardatárias não serão julgadas, pelo contrário, a verificação de créditos continuará.

Assim, teoricamente o quadro de credores será consolidado definitivamente com o julgamento de todas as impugnações e habilitações retardatárias que sejam apresentadas. No entanto, o processo de recuperação judicial tem um prazo limitado, na medida em que perdurará até 2 anos após a concessão da recuperação judicial. Por isso, é possível até que a recuperação judicial acabe sem a consolidação definitiva e não há problemas nisso. Vale dizer, nesse caso, a recuperação judicial será encerrada sem a *consolidação definitiva* do quadro geral de credores, mas, as habilitações e de impugnação retardatárias serão redistribuídas ao juízo da recuperação judicial como ações autônomas e observarão o rito comum.

Na falência, também é possível uma consolidação provisória do quadro geral de credores, em prol de uma mais eficiente realização dos ativos, com a maximização dos seus valores. O artigo 16 da Lei 11.101/2005 admite um quadro geral de credores provisório, considerando apenas a relação, os incidentes de classificação do crédito, as impugnações tempestivas e as habilitações e impugnações retardatárias já julgadas até o momento da consolidação. E mais, mesmo antes da consolidação provisória é possível pagamento do rateio para determinada classe, desde que as impugnações tempestivas daquela classe já tenham sido julgadas, não importando o estágio das impugnações e habilitações retardatárias.

Também haverá o prosseguimento da verificação de créditos na falência, mas até o seu julgamento definitivo, não havendo possibilidade de extinção do processo, sem a consolidação definitiva.

4
CONCILIAÇÃO E MEDIAÇÃO

4.1 NOÇÕES GERAIS

A situação de crise econômico-financeira não inibe o surgimento de conflitos de interesses, pelo contrário, o momento de crise geralmente traz inadimplementos, atrasos e outras condutas que tendem a aumentar os conflitos. A solução judicial desses conflitos tem problemas, relacionados ao seu custo e a própria demora da prestação jurisdicional. Assim, é muito frequente o uso de mecanismos de autocomposição de interesses, em prol de uma solução mais rápida e eficaz dos conflitos. Mesmo que o devedor já seja parte de uma recuperação judicial, é possível recorrer a esses mecanismos agora positivados nos artigos 20-A a 20-D da Lei 11.101/2005, introduzidos pela Lei 14.112/2020.

Mesmo antes da mudança legislativa, o Enunciado 45, aprovado na I Jornada de Prevenção e Solução Extrajudicial de Litígios, entendia ser possível o recurso a mecanismos de autocomposição, ao afirmar que "a mediação e conciliação são compatíveis com a recuperação judicial, a extrajudicial e a falência do empresário e da sociedade empresária, bem como em casos de superendividamento, observadas as restrições legais". No mesmo sentido, a Recomendação 58 de 22/10/2019 do CNJ.

Portanto, admite-se a conciliação e a mediação em todos os processos da Lei 11.101/2005, mas, há uma previsão específica da mediação e da conciliação para a recuperação judicial na Lei 11.101/2005 (artigos 20-A a 20-D).

Por conciliação, deve-se entender "um mecanismo em que as partes, auxiliadas por um terceiro, neutro e imparcial, identificam as questões conflituosas e, ao final, conseguem resolver seus conflitos de forma harmônica. Aqui, busca-se a rápida solução, um acordo para cumprimento; é mais direta, pontual, em virtude da matéria tratada (geralmente inadimplementos ou problemas pontuais)"[1]. De outro lado, na mediação, "o terceiro neutro e imparcial trabalhará "mais a fundo" no problema, uma vez que esse método é utilizado para

---

1. SOARES, Érica Zanon. Conciliação e o Código de Processo Civil. In: NUNES, Ana (Coord.). *Mediação e conciliação*: teoria e prática. São Paulo: Thomson Reuters, 2018, item 3.1.

tentar resolver conflitos em que existem relações próximas com as partes, geralmente relações familiares, de vizinhança, entre outras"[2].

4.2 CONFLITOS QUE ADMITEM A MEDIAÇÃO E A CONCILIAÇÃO NA RECUPERAÇÃO JUDICIAL

As conciliações e as mediações podem ser realizadas de modo antecedente ou de modo incidental ao processo de recuperação judicial. Vale dizer, pode-se, mesmo antes do ajuizamento do pedido de recuperação judicial pedir a instauração de conciliações ou mediações com partes conflitantes. De outro lado, é possível, durante os processos de recuperação judicial, que sejam instauradas conciliações e mediações que serão estimuladas e fiscalizadas pelo administrador judicial, para que se alcance um melhor resultado, sem prejuízo para o processo.

Assim, tanto na fase pré-processual quanto na processual, as disputas entre os sócios/acionistas de sociedade em dificuldade ou já em recuperação judicial, poderão ser objeto de conciliações e mediações em busca de uma autocomposição dos interesses. Disputas entre sócios sempre geram reflexos sobre a sociedade, podendo dificultar ou eventualmente inviabilizar um pedido de recuperação ou as medidas de superação da crise. Assim sendo, é fundamental a busca de soluções rápidas e céleres que são facilitadas pelos mecanismos de autocomposição de interesses.

De modo similar, os conflitos com os credores não sujeitos à recuperação judicial, nos termos dos §§ 3º e 4º do art. 49 da Lei 11.101/2005, ou outros credores extraconcursais podem dificultar muito a obtenção da recuperação. Como esses credores não estão sujeitos ao processo, suas ações não estão suspensas e, por isso, podem dificultar a continuação dos negócios e a negociação com os credores sujeitos ao processo de recuperação judicial. Por isso, tem-se mais uma vez um campo fértil para as medidas alternas de solução de conflitos. Essa prática será admitida, mesmo durante o

---

2. SOARES, Érica Zanon. Conciliação e o Código de Processo Civil. In: NUNES, Ana (Coord.). *Mediação e conciliação*: teoria e prática. São Paulo: Thomson Reuters, 2018, item 3.1.

período de vigência de estado de calamidade pública, desde que para a continuidade do serviço público.

Mais uma vez, numa lógica da continuação das atividades, foram admitidas as conciliações e mediações entre os devedores que sejam concessionários ou permissionários de serviços públicos, que estejam em recuperação judicial, e os respectivos órgãos reguladores de qualquer esfera. Apesar do interesse público envolvido, conciliações e mediações são permitidas nessa esfera administrativa há algum tempo. O que se busca sempre são soluções mais rápidas e mais efetivas, respeitando os interesses públicos envolvidos.

Por fim, em relação aos credores abrangidos pelo pedido de recuperação judicial, o artigo 20-B, IV da Lei 11.101/2005 prevê a possibilidade de conciliações e mediações em caráter antecedente ao pedido de recuperação judicial. Neste caso, o devedor pode obter uma tutela de urgência para suspender, por 60 dias, as execuções dos credores abrangidos contra ele, tendo em vista as conciliações ou mediações já instauradas perante o órgão competente. O período de 60 dias será descontado dos 180 dias de suspensão na recuperação judicial ou extrajudicial.

Em todo caso, as conciliações serão limitadas as matérias referentes ao valor e a forma de pagamento do crédito, podendo haver contrapartidas a essas condições assumidas. São vedadas a conciliação e a mediação sobre a natureza jurídica e a classificação de créditos, bem como sobre critérios de votação em assembleia geral de credores.

4.3 HOMOLOGAÇÃO DA AUTOCOMPOSIÇÃO

Tanto nas conciliações, quanto nas mediações haverá um terceiro que vai conduzir as partes a solução do seu conflito, ou seja, são as partes que resolvem seu conflito de interesses, por atos da própria vontade, sendo o terceiro apenas um instrumento para a realização desse acordo. A princípio, a celebração do acordo considera suficiente o simples encontro de vontades entre as partes. A homologação judicial, em regra, é um acréscimo de eficácia àquele acordo que passará, por exemplo, a deter a condição de título executivo extrajudicial.

No caso das conciliações e mediações realizadas de modo antecedente ou incidental a um processo de recuperação judicial, o artigo

20-C da Lei 11.101/2005 exige que o acordo eventual firmado seja homologado em juízo. Não se trata de simples faculdade das partes acordantes, mas de um dever, na medida em que o dispositivo fala que o acordo "deverá ser homologado pelo juiz competente". O caráter imperativo da redação denota que sem essa homologação, o acordo não produzirá os efeitos pretendidos pelas partes.

Em todo caso, o juízo competente para essa homologação será aquele do principal estabelecimento do devedor no país, considerado aqui como o de maior valor econômico, o qual é o competente para o próprio pedido de recuperação judicial no caso concreto.

4.4 PEDIDO DE RECUPERAÇÃO JUDICIAL OU EXTRAJUDICIAL APÓS AUTOCOMPOSIÇÃO

Celebrada a autocomposição com credores abrangidos pelo pedido de recuperação judicial, como visto, o acordo deve ser homologado judicialmente pelo juiz competente para o pedido de recuperação judicial. Esse acordo representa uma novação da obrigação em relação aos credores que realizaram a autocomposição. Essa novação é, a princípio, aquela prevista no CC, pois se trata de um simples acordo entre as partes homologado judicialmente.

Ocorre que, no caso dos credores abrangidos pela recuperação, as conciliações e mediações são admitidas apenas em caráter antecedente, vale dizer, antes do pedido de recuperação judicial. Sem a instauração do processo de recuperação judicial, não há administrador judicial para fiscalizar e acompanhar a negociação. Outrossim, o acordo na fase antecedente é celebrado de modo individual, com cada credor separadamente.

Ajuizado um pedido de recuperação judicial ou extrajudicial, um novo acordo será celebrado com o conjunto dos credores abrangidos pelo processo. Não se trata mais de um acordo individualizado, mas de um acordo em massa, ainda que celebrado por classes de credores. Diante desse novo acordo proposto pelo devedor. Nessa situação, como fica o acordo individual anteriormente celebrado? O artigo 20-C, parágrafo único da Lei 11.101/2005 estabelece que, se for ajuizado o pedido de recuperação judicial ou extrajudicial, em até 360 dias após a autocomposição, o credor voltará a ter seus direitos e garantias nas condições originalmente contratadas.

Em outras palavras, o acordo celebrado entre o devedor e seus credores sujeitos à recuperação judicial está sujeito a uma condição resolutiva, ou seja, perderá seus efeitos se esta condição (ajuizamento do pedido de recuperação judicial ou extrajudicial em 360 dias) for implementada. Obviamente, se o acordo já foi integralmente cumprido antes do ajuizamento, o seu pagamento não será desfeito, ou seja, eventual extinção da obrigação já nas condições do acordo será mantida. No caso de cumprimentos parciais da obrigação assumida no acordo, os valores serão abatidos da obrigação original que será restabelecida.

5

PEDIDO DE RECUPERAÇÃO JUDICIAL

5.1 RECUPERAÇÃO JUDICIAL – NOÇÕES GERAIS

A recuperação judicial é "o instituto jurídico criado para permitir ao devedor rediscutir com os seus credores, num ambiente institucional, a viabilidade econômica da empresa e sua condução pelo empresário para a satisfação das obrigações sociais, conforme plano de recuperação proposto e que, se aprovado pelos credores em assembleia geral, implicará a novação das obrigações"[1].

Na busca da superação da crise, tenta-se viabilizar, em primeiro lugar, a manutenção da fonte produtora, pois é essa fonte que gera empregos, tributos, consumo, fornecimento. Em segundo lugar, deve-se reconhecer a importância do trabalho, protegendo-se os empregos dos trabalhadores. Por fim, busca-se tutelar os interesses dos credores que, em última análise, serão os responsáveis pela concessão ou não da recuperação judicial.

Durante todo à recuperação judicial, devem ser observados dois princípios: a função social da empresa e a preservação da empresa.

Pela função social da empresa, reconhece-se que a atividade econômica visa a tutelar mais interesses do que o do empresário devedor, titular do negócio. Toda atividade econômica empresarial gera efeitos econômicos, dentre os quais, a contratação de empregados, com a geração de trabalho e renda, o pagamento de tributos, o surgimento de ocupações indiretas, o desenvolvimento de fornecedores e o próprio atendimento aos destinatários da atividade econômica. O volume de interesses afetados por uma atividade econômico é muito maior do que uma geração de lucros para um grupo de pessoas. Assim sendo, o fim da atividade afetará negativamente todos esses interesses e, por isso, não há como negar que a empresa tem uma função social a ser preenchido e protegido.

Como desdobramento dessa função social, deve-se reconhecer a preservação da empresa como um princípio do sistema. Repita-se, a extinção da empresa não traz efeitos benéficos aos grupos de interesses que a circundam. Assim, para atender a maioria desses interesses, deve-se buscar, na medida do possível, preservar a ativi-

---

1. SACRAMONE, Marcelo Barbosa. *Comentários à lei de recuperação de empresas e falência.* São Paulo: Saraiva, 2018, p. 189.

dade em funcionamento. Obviamente, essa preservação não pode representar uma subversão de valores, impondo aos credores um sacrifício exagerado em detrimento do titular do negócio. Sempre que viável, deve-se buscar a manutenção do negócio.

Ela representa um acordo[2] celebrado entre o devedor e a massa dos seus credores, mas, um acordo celebrado judicialmente. Para que esse acordo seja celebrado em juízo, é essencial o ajuizamento de uma ação, denominada pedido de recuperação judicial. Esse acordo celebrado judicialmente é pautado pela finalidade maior de superação de crise econômico-financeira, mas, lida com interesses contrapostos em busca de um melhor resultado econômico.

5.2 LEGITIMAÇÃO PARA PEDIR A RECUPERAÇÃO JUDICIAL

No sistema brasileiro, nem todo sujeito pode buscar a celebração do acordo de recuperação judicial. Vale dizer, devem ser cumpridas certas condições para que se admita a continuação de um processo de recuperação judicial.

5.2.1 Ser empresário

No sistema brasileiro, a Lei 11.101/2005 só se aplica aos empresários e sociedades empresárias, não abrangendo devedores sem caráter empresarial. O empresário é aquele sujeito que exerce profissionalmente uma atividade econômica organizada para produção ou circulação de bens ou serviços para o mercado, ou seja, é um sujeito que exercício uma atividade econômica com características de padronização e objetivação que lhe justificaram um tratamento especial na legislação. A mesma ideia se repete para as sociedades.

---

2. SZTAJN, Rachel; FRANCO, Vera Helena de Mello. *Falência e recuperação da empresa em crise.* São Paulo: Campus, 2008, p. 234; PENTEADO, Mauro Rodrigues. In: SOUZA JÚNIOR, Francisco Sátiro de; PITOMBO, Antônio Sérgio de A. de Moraes (Coord.). *Comentários à lei de recuperação de empresas e falência.* São Paulo: Ed. RT, 2005, p. 84; ALMEIDA, Amador Paes de. *Curso de falência e recuperação de empresa.* 21. ed. São Paulo: Saraiva, 2005, p. 299; MARZAGÃO, Lídia Valéria. A recuperação judicial. In: MACHADO, Rubens Approbato (Coord.). *Comentários à lei de falências e recuperação de empresas.* São Paulo: Quartier Latin, 2005, p. 92; CAMPINHO, Sérgio. *Falência e recuperação de empresa: o novo regime de insolvência empresarial.* Rio de Janeiro: Renovar, 2006, p. 123.

5 • PEDIDO DE RECUPERAÇÃO JUDICIAL

A princípio, o que importa é ser empresário ou sociedade empresária. Todavia, por questões de política econômica foram excluídos da recuperação judicial algumas atividades econômicas que possuem um regime especial de enfrentamento. Assim sendo, ficam de fora da recuperação judicial instituições financeiras pública ou privada, cooperativas de crédito, consórcios, entidades de previdência complementar, sociedades operadoras de planos de assistência à saúde, sociedades seguradoras, sociedades de capitalização e outras entidades legalmente equiparadas às anteriores (Lei n. 11.101/2005 – art. 2º). Também ficam de fora as empresas públicas[3] e sociedades de economia mista, mesmo sem um regime especial de enfrentamento da insolvência.

Outra situação peculiar é do agente econômico que exerce atividade rural, seja individualmente, seja por meio de sociedade. No caso dessa atividade, não há uma prévia definição legal se o agente exercente é empresário ou não, cabendo ao próprio agente definir sua situação, pelo registro ou não na junta comercial. Assim, produtores rurais e sociedades rurais só serão consideradas empresários se estiverem registrados na junta comercial, podendo então requerer a recuperação judicial.

Apesar de criticável, essa opção da legislação brasileira, de limitar a recuperação judicial ao grupo empresarial de agentes econômicos, não foi alterada pela Lei 14.112/2020.

5.2.2 Exercício regular há mais de 2 anos

Por questões de seriedade da atividade, o artigo 48 da Lei n. 11.101/2005 só permite que peça recuperação judicial o devedor que exerce a atividade regularmente há mais de 2 anos. Assim, exige-se não apenas que seja um empresário ou sociedade empresária, mas que esse sujeito esteja em condição regular, o que decorrerá do seu registro na junta comercial. E mais que isso, exige-se que haja uma regularidade há mais de 2 anos nesse registro. Quem tem menos tempo de registro, não teria maturação suficiente da atividade para justificar sua proteção pelo mecanismo da recuperação judicial.

---

3. STF vai decidir se o regime de recuperação judicial de empresas privadas se aplica às empresas públicas (RE – 12498945).

No caso dos produtores rurais, a situação é mais complicada, uma vez que existe uma faculdade de registro, a princípio. Em razão disso, surgiram diversas dúvidas que começaram a ser sanadas pela jurisprudência. O STJ firmou a tese de que o registro do empreendedor rural teria um efeito retroativo ao início da atividade econômica. Nesse sentido, afirmou-se que "Para o empreendedor rural, o registro, por ser facultativo, apenas o transfere do regime do Código Civil para o regime empresarial, com o efeito constitutivo de "equipará-lo, para todos os efeitos, ao empresário sujeito a registro", sendo tal efeito constitutivo apto a retroagir (*ex tunc*), pois a condição regular de empresário já existia antes mesmo do registro"[4].

Na minha opinião, a questão não é de retroatividade da atividade, mas, de regularidade da atividade mesmo sem o registro. Exige-se que o devedor seja empresário, o que, no caso do empreendedor rural, se dá com o registro na junta comercial. No entanto, não se exige que a regularidade decorra apenas do registro na junta, uma vez que, no caso do empreendedor, ele estará regular para todos os efeitos, mesmo sem registro na junta, se cumprir as obrigações de regularidade fiscal.

A Lei n. 14.112/2020 regulariza isso e estabelece claramente que, no caso do empreendedor, a regularidade exigida é aquela fiscal. O prazo de 2 anos é de regularidade fiscal e não de registro na junta. O registro na junta continua essencial para o produtor rural, mas, não para a sua regularidade.

Assim, para as sociedades ou EIRELI rurais, a comprovação da regularidade se dará por meio da Escrituração Contábil Fiscal (ECF), ou do que venha a substituir a ECF no futuro (Lei n. 11.101/2005 – art. 48, § 2º). No caso do produtor rural pessoa física, a regularidade será provada com base no Livro Caixa Digital do Produtor Rural (LCDPR), e pela Declaração do Imposto sobre a Renda da Pessoa Física (DIRPF) e balanço patrimonial, todos entregues tempestivamente (Lei n. 11.101/2005 – art. 48, § 3º). Em ambos os casos, a contabilidade deve estar regular, sendo elaborada por um contador habilitado, de acordo com o regime de competência.

---

4. STJ – REsp 1800032/MT, Rel. Ministro MARCO BUZZI, Rel. p/ Acórdão Ministro Raul Araújo, Quarta Turma, julgado em 05.11.2019, DJe 10.02.2020.

5.2.3 Não ser impedido

Além dos pontos acima mencionados, o artigo 48 da Lei n. 11.101/2005 também exige que o devedor não incorra nos impedimentos legais para o pedido de recuperação judicial.

Assim, está impedido de pedir recuperação judicial aquele que obteve recuperação judicial ou recuperação com base em plano especial nos últimos 5 anos. A ideia é que a recuperação judicial não se torne um remédio repetido em prazos muito curtos, mas, uma medida extrema, usada em situações excepcionais e não reiteradas. Aqueles que não tiveram recuperação judicial concedida, ou a obtiveram em prazo superior a 5 anos,

Outrossim, não se admite que faça pedido de recuperação judicial aquele condenado definitivamente por crime falimentar. No caso das pessoas jurídicas, não podem incorrer nessa condenação os titulares, controladores e administradores da pessoa jurídica. Em todas essas situações, há uma desconfiança em relação ao sujeito que justifica o seu impedimento de acesso à recuperação judicial.

5.3 AUTOR DO PEDIDO

Preenchidas as condições de legitimação, admite-se que seja realizada o pedido de recuperação judicial. Esse pedido terá um autor, um legitimado ativo que, a princípio, é o próprio devedor. Ocorre que o artigo 48, § 1º da Lei n. 11.101/2005 admite também o pedido seja formulado pelo cônjuge sobrevivente, pelo inventariante e pelos herdeiros, em relação ao espólio do empresário individual falecido. Igualmente, há a previsão de pedido pelo sócio remanescente, em relação às sociedades que ficaram com um sócio só.

Em todos esses legitimados, não houve mudança pela Lei n. 14.112/2020, mas, esta lei inseriu na Lei n. 11.101/2005 os artigos 69-G a 69-L que tratam expressamente dos pedidos realizados em conjunto, por meio dos institutos da consolidação processual e da consolidação substancial.

5.3.1 Consolidação processual

Por questões tributárias ou organizacionais, é muito comum que um negócio seja dividido e exercido por diversas pessoas jurídicas diferentes. Caso essas pessoas jurídicas estejam sob uma direção comum, temos um grupo societário no qual, as diversas pessoas jurídicas mantêm sua autonomia jurídica. A convivência dessa autonomia jurídica com uma direção única é a essência desse grupo. Na economia atual, é cada vez mais frequente a organização negocial sob a forma de grupos societários.

As crises empresariais afetam, por vezes, integrantes isolados de um grupo que, podem, também isoladamente, buscar as medidas de enfrentamento da crise. De outro lado, por vezes, a crise afeta várias sociedades integrantes do grupo no mesmo momento. A princípio, a autonomia jurídica dessas integrantes justificaria o tratamento da crise em processos separados o que, porém, geraria custos dobrados do processo. Ora, impor esses custos para quem já está em crise não é razoável. Para reduzir custos, os artigos 69-G a 69-I da Lei n. 11.101/2005 passaram a admitir a consolidação processual no caso de sociedades sob controle comum.

A consolidação processual representa a combinação de dois ou mais pedidos de recuperação judicial para condução num único processo no interesse da eficiência e da economia. Assim, nos termos do artigo 69-G da Lei 11.101/2005, várias sociedades sob controle comum, que estiverem passando por crise, podem ajuizar em conjunto seus pedidos de recuperação judicial que serão processados num único procedimento. Em última análise, estamos diante de vários pedidos de recuperação judicial ajuizados em litisconsórcio ativo pelos vários devedores que estão sob o controle comum.

Trata-se de uma questão procedimental, para buscar uma administração mais fácil e mais barata para a crise das diversas entidades sob controle comum. A ideia da consolidação processual é excelente sob a ótica da eficiência e economia para o processo, pois, a experiência vem mostrando a possibilidade de condução da recuperação judicial de vários devedores em conjunto. O processo de recuperação judicial é um processo com custos elevados e, por isso, é muito razoável admitir que custos sejam compartilhados por várias pessoas jurídicas sob controle comum. Com esse compartilhamento, a economia obtida ajuda na superação da crise, sem, contudo, sacrificar os direitos substanciais dos credores que continuarão, a princípio sendo tratados separadamente[5].

Para alcançar os resultados de economia e eficiência, os pedidos de recuperação judicial dos diversos devedores sob controle comum devem ser formulados em conjunto. O ajuizamento conjunto deverá ser feito pela apresentação de uma petição inicial única, tendo como valor da causa a soma dos créditos devidos por todos os autores do pedido, com um único recolhimento de custas.

Apesar da consolidação processual, estamos diante de pedidos distintos, logo, os devedores deverão apresentar individualmente as respectivas documentações (Lei n. 11.101/2005 – art. 69-G, § 1º) e preencher individualmente as condições de legitimação do pedido. Só podem figurar no pedido de recuperação judicial consolidado aqueles devedores que, individualmente, preenchem os requisitos e trazem a documentação exigida.

Diante desse ajuizamento conjunto, surge uma questão que diz respeito à competência do juízo para o processo conjunto. Se todos os devedores possuírem o mesmo estabelecimento principal, não haverá dúvidas quanto à competência. No entanto, se os estabelecimentos principais do devedor forem em locais diversos, há uma dúvida sobre qual deles será o competente. Para solucionar essa dúvida, o artigo 69-G, § 2º da Lei n. 11.101/2005 define como competente o "local do principal estabelecimento entre os dos devedores". Vale dizer, deve-se comparar os principais estabelecimentos dos devedores que figuram no pedido de recuperação judicial e, dentre esses, escolher aquele que representa o maior volume econômico[6] como o competente.

Ao analisar proferirá uma única decisão de processamento, na qual serão analisados os requisitos e a documentação de cada devedor isoladamente, sendo possível, o indeferimento do pedido para alguns e o prosseguimento para outros. Nessa decisão de processamento, haverá a nomeação de um único administrador judicial (Lei n.

---

5. GILBERT, J. Stephen. Substantive consolidation in Bankruptcy: A primer. *Vanderbilt Law Review*, volume 43, issue 1, jan-1990, p. 212.

6. STJ – CC 163.818/ES, Rel. Ministro Marco Aurélio Bellizze, Segunda Seção, julgado em 23.09.2020, DJe 29.09.2020.

11.101/2005 – art. 69-H). Naturalmente, o trabalho do administrador judicial será maior e, por isso, sua remuneração deverá ser fixada em consideração ao conjunto do trabalho que terá que ser desenvolvido, mas, considerando um processo unificado.

A sequência do processo se dará com uma coordenação dos atos processuais praticados, reconhecida, porém, independência dos devedores, dos seus ativos e dos seus passivos. Vale dizer, os ativos de cada devedor serão indicados separadamente. Outrossim, seu passivo será objeto de procedimentos separados de verificação de créditos, gerando quadros separados de credores.

Podem ser apresentados planos de recuperação judicial separados, um para cada devedor. Alternativamente, pode ser apresentado um plano único, mas, nesse plano único os meios de recuperação devem ser indicados separadamente para cada devedor, tendo em vista a autonomia do respectivo pedido de recuperação. Em todo caso, os meios de recuperação serão apreciados separadamente pelos credores de cada devedor, vale dizer, se necessário, serão realizadas assembleias-gerais de credores independentes. A nosso ver, dentro da lógica de eficiência e economia é possível que a convocação seja única e que as assembleias ocorram sucessivamente no mesmo espaço físico, para ter melhores condições de aproveitamento dos custos.

Diante dessa apreciação independente, é possível que os devedores alcancem resultados independentes. Vale dizer, é possível que alguns devedores obtenham a concordância dos seus credores, ao passo que outros não tenham sucesso. Assim, é perfeitamente possível que alguns devedores alcancem a concessão da recuperação judicial e outros tenham sua falência decretada, apesar de participarem do mesmo processo (Lei n. 11.101/2005 – art. 69-I, § 4º).

É importante reiterar que a consolidação processual apenas une os pedidos num procedimento único, coordenando os atos processuais e nomeando um único administrador judicial, mas, a sorte de cada devedor se mantém separada, salvo nos casos de consolidação substancial que dependerá de requerimento e do preenchimento dos requisitos estabelecidos pelo artigo 69-J da Lei n. 11.101/2005.

5.3.2 Consolidação substancial

Ao lado da consolidação processual, existe a consolidação substancial, na qual ativos e passivos de dois ou mais devedores são combinados e tratados, para fins de recuperação judicial, como se fossem de um único devedor[7]. A ideia é ignorar a autonomia jurídica de diversos devedores e tratá-los como uma realidade econômica única, com um conjunto somado de ativos e passivos. A consolidação substancial não é uma decorrência necessária da consolidação processual, só devendo ocorrer se preenchidos certos requisitos que justifiquem essa unificação de ativos e passivos.

De imediato, é oportuno ressaltar que a consolidação substancial terá um caráter excepcional, cabendo seu deferimento ao juiz, mediante requerimento. O artigo 69-J da Lei n. 11.101/2005 estabelece que a competência para decidir sobre a consolidação substancial é do juiz, logo, é possível que ele ouça a assembleia geral de credores sobre o tema, cabendo-lhe sempre controlar a presença dos requisitos exigidos pela lei.

Em primeiro lugar, exige-se que se trate de uma hipótese de consolidação processual, vale dizer, deve ter havido um procedimento único de recuperação judicial para vários devedores que estejam sob controle comum. É nesse procedimento único que o juiz vai decidir sobre a consolidação substancial. Essa decisão deve ser tomada logo no início do processo, tendo em vista que a consolidação substancial influenciará.

Além da consolidação processual, é essencial que já exista, em termos práticos, uma interconexão e uma confusão entre ativos ou passivos dos devedores. Os ativos e passivos dos vários devedores devem se relacionar e se confundir de modo que não seja possível identificar a sua titularidade sem excessivo dispêndio de tempo ou de recursos. Em síntese, o que se exige é uma confusão patrimonial entre os devedores, geralmente demonstrada pela transferência de ativos ou passivos entre as partes, sem a correspondente contraprestação econômica. Assim, se um dos devedores pagar dívidas dos outros devedores ou transferir seus ativos para eles, sem a devida

---

7. GILBERT, J. Stephen. Substantive consolidation in Bankruptcy: A primer. *Vanderbilt Law Review*, v. 43, issue 1, jan-1990, p. 208.

contraprestação, estará preenchido esse requisito da consolidação substancial.

A confusão patrimonial deve ser corroborada pela existência de 2 hipóteses adicionais de identidade econômica das integrantes do grupo, entre as quatro indicadas no artigo 69-J da Lei n. 11.101/2005, a saber: existência de garantias cruzadas; relação de controle ou de dependência; identidade total ou parcial do quadro societário; e atuação conjunta no mercado entre os postulantes.

As garantias cruzadas são garantias prestadas internamente entre as integrantes, isto é, a sociedade A presta garantias pessoas ou reais para a sociedade B, sendo que ambas integram o mesmo grupo societário e figuraram como autoras do procedimento de recuperação judicial consolidação processualmente. Trata-se de prática muito comum, sendo bem frequente que dentro do grupo existam sociedades detentoras de mais ativos ou com históricos financeiros mais positivos que são melhores garantidoras.

A relação de dependência ocorre quando uma sociedade acaba dependendo da outra economicamente, seja pela transferência de recursos, seja pela atuação exclusiva para aquela sociedade, seja pelo compartilhamento de pessoal e/ou equipamentos. Essa dependência ocorre em diversas situações em que a divisão das atividades em pessoas jurídicas distintas lida, por questões de economia, com compartilhamentos.

Já a menção a relação de controle é um tanto quanto contraditória, pois a consolidação processual já exige que as sociedades estejam sob o controle comum. Assim, não se pode imaginar que seja a mesma relação de controle prevista para a consolidação processual, pois seria redundante. Não sendo assim, a relação de controle prevista seria aquela da controladora e da controlada. Logo, essa hipótese estaria preenchida apenas se a controladora do grupo ingressasse conjuntamente com o pedido de recuperação judicial.

A identidade total ou parcial do quadro societário significa a existência de sócios em comum. Mais uma vez há certa redundância na exigência, pois, a consolidação processual já exige o controle comum, havendo necessariamente uma identidade entre os sócios.

Por fim, é possível que se justifique a consolidação substancial pela atuação conjunta no mercado, o que é bem comum de se demonstrar. A atuação conjunta ocorrerá no caso de atividades complementares ou idênticas entre as integrantes do grupo. Havendo atividades completamente variadas no grupo, é raro que haja uma atuação conjunta no mercado, até porque a área de atuação é muito diferente.

Preenchidos os requisitos da consolidação processual, da confusão patrimonial e 2 das hipóteses adicionais de identidade econômica das integrantes do grupo, o juiz deverá determinar a consolidação substancial tratando os ativos e passivos dos vários devedores como pertencentes a uma única pessoa (Lei n. 11.101/2005 – art. 69-K). Haverá uma identidade de recuperação judicial para o grupo, pela união dos ativos e passivos, mas as providências serão tomadas separadamente, dada a autonomia jurídica das integrantes.

A unificação dos passivos faz com que eventuais garantias pessoais prestadas pelas próprias integrantes deixem de existir, pois, para fins da recuperação haveria uma confusão entre o devedor e seu garantidor que seria a mesma pessoa. Vale dizer, a consolidação substancial unifica a responsabilidade pelas obrigações para aquele devedor único, pressuposto pela lei no caso. Assim, se a sociedade A prestou uma garantia pessoal para a sociedade B, sendo que ambas integram o grupo XPTO e são autoras do pedido de recuperação judicial consolidado substancialmente, aquela dívida passa a ser do grupo em recuperação judicial, não importando mais a existência da garantia pessoal. As garantias reais não são afetadas pela simples existência da consolidação substancial, só podendo ser afetadas pela aprovação do plano de recuperação judicial com a concordância do próprio credor que tem aquela garantia.

Diante da união dos ativos e passivos, o artigo 69-L da Lei n. 11.101/2005 prevê a apresentação de um plano único de recuperação judicial, que será apreciado pelos credores em conjunto. Vale dizer, haverá uma única assembleia geral de credores, com uma única votação sobre ele, de modo que ou todos os devedores obtêm a recuperação judicial ou todos terão a convolação da recuperação em falência. Há uma unificação da sorte dos devedores, em razão da grande identidade econômica entre eles.

5.4 CREDORES ABRANGIDOS

A recuperação judicial visa a celebração de acordo com a massa dos credores do devedor. Contudo, nem todos os credores serão abrangidos pelo acordo. A princípio, sujeitam-se à recuperação judicial todos os créditos existentes à data do pedido, ainda que não vencidos (Lei n. 11.101/2005 – art. 49). A aferição da existência ou não do crédito na data do pedido levará em conta o fato gerador do crédito, isto é, a data da fonte da obrigação.

Além da data da existência, alguns tipos de credores foram expressamente excluídos da recuperação judicial. Assim, os credores fiscais ficam de fora da recuperação judicial, sem prejuízo de eventuais parcelamentos e da transação fiscal. Também ficam excluídos da recuperação judicial os chamados credores-proprietários, abrangendo o proprietário fiduciário, o arrendador mercantil, o proprietário original na compra e venda com reserva de domínio, o promissário comparador na promessa de compra e venda de imóveis com cláusula de irrevogabilidade e irretratabilidade (Lei n. 11.101/2005 – art. 49, § 3º) e o acredor do adiantamento do contrato de câmbio para exportação (Lei n. 11.101/2005 – art. 86, II).

Com a Lei n. 14.112/2020, passou a ser excluído um novo tipo de crédito, relacionado ao crédito rural concedido a partir de recursos controlados, isto é, recursos com origens oficiais, como os originários do BNDES. Esses créditos, a princípio, passam a ser excluídos da recuperação judicial (Lei n. 11.101/2005 – art. 49, § 7º), desde que tenham sido objeto de renegociação ou tenham sido concedidos nos 3 anos anteriores ao pedido. Vale dizer, se o crédito não foi renegociado, mantendo suas condições originais, ele pode ser incluído na recuperação judicial.

Também com a Lei n. 14.112/2020, passaram a ficar de fora da recuperação judicial os financiamentos, contraídos nos 3 anos anteriores ao pedido, que tenham o objetivo de aquisição de propriedade rural (Lei n. 11.101/2005 – art. 49, § 9º). Nesse caso, as garantias eventualmente outorgadas também ficam de fora da recuperação judicial.

5.5 PETIÇÃO INICIAL

Seja individualmente, seja em conjunto, todo pedido de recuperação será iniciado a partir de uma petição inicial. A princípio, temos uma petição inicial comum, com a qualificação o devedor como autor do pedido e o direcionamento ao juízo do principal estabelecimento do devedor (Lei n. 11.101/2005 – art. 3º). Não há propriamente réus no processo, logo, não há necessidade de qualificação de uma parte contrária na petição inicial.

Deve-se indicar ainda os fatos que colocaram o devedor na crise e os fundamentos jurídicos para superação dessa crise por meio da recuperação. Haverá um pedido, geralmente desdobrado no deferimento do processamento da recuperação e na sua concessão. O valor da causa será a soma dos créditos submetidos à recuperação judicial, conforme previsão do artigo 51, § 5º da Lei n. 11.101/2005, introduzido pela Lei n. 14.112/2020.

Não há cabimento da audiência de mediação e conciliação prévia, nem da produção de provas que, por isso, não serão incluídas na petição inicial. É possível o requerimento de tutelas de urgências na petição para buscar suspensão de medidas constritivas ou outras medidas em prol da recuperação da empresa.

Em todo caso, a petição inicial deve ser acompanhada dos documentos essenciais à propositura da ação e, no caso da recuperação judicial, esses documentos são indicados pelo artigo 51 da Lei n. 11.101/2005, com o acréscimo de algumas regras pela Lei n. 14.112/2020.

Em primeiro lugar, deve ser apresentada, acompanhando a petição inicial, a exposição das causas concretas da situação patrimonial do devedor e das razões da crise econômico-financeira. Trata-se de uma descrição da situação de fato que justificou, apresentando-se os fatores individuais como rompimento de contratos, problemas de fluxo de caixa, dificuldades de acesso ao crédito e outros fatores. O art. 51, § 6º da Lei 11.101/2005 diz que, para o produtor rural pessoa física a exposição das causas da crise deverá demonstrar a insolvência jurídica do devedor, isto é, a insuficiência de recursos financeiros ou patrimoniais com liquidez suficiente para saldar suas dívidas pontualmente. Embora seja mencionada a demonstração da insolvência apenas para o produtor rural pessoa física – referência ao artigo 48, § 3º – acredito ser salutar essa demonstração em todos os casos.

Também devem ser juntadas a documentação da junta comercial – certidão de regularidade do devedor no Registro Público de

Empresas, o ato constitutivo atualizado e as atas de nomeação dos atuais administradores – para demonstrar o preenchimento das condições de legitimação: condição de empresário e o exercício regular da atividade.

Além disso, devem ser apresentadas as demonstrações contábeis que permitam aos credores ter a exata ciência da situação econômico-financeira do devedor, na negociação do acordo. Assim, devem ser juntadas as demonstrações contábeis obrigatórias relativas aos 3 últimos exercícios, ou 2 no caso de constituição do devedor há apenas 2 anos. Além disso, devem ser elaboradas demonstrações financeiras especialmente para instruir o pedido, compostas por a) balanço patrimonial; b) demonstração de resultados acumulados; c) demonstração do resultado desde o último exercício social; d) relatório gerencial de fluxo de caixa e de sua projeção. Em acréscimo, a Lei n. 14.112/2020 passou a exigir uma demonstração contábil sobre o grupo em que esteja inserido o devedor, o que será útil apenas nos casos de consolidação substancial. Fora da consolidação substancial, a autonomia jurídica dos ativos e passivos será mantida, salvo nos casos de desconsideração da personalidade jurídica.

No caso dos devedores enquadrados como microempresas e empresas de pequeno porte, pode-se apresentar os livros e a escrituração contábil simplificada, nos termos das regras especiais para esse tipo de devedor. De outro lado, no caso do produtor rural pessoa física é admitida a substituição das demonstrações pelo Livro Caixa Digital do Produtor Rural (LCDPR), acompanhado da Declaração do Imposto sobre a Renda da Pessoa Física (DIRPF) e do balanço patrimonial, todos entregues tempestivamente.

Igualmente, devem ser juntadas pelo devedor relações descritivas que permitam, mais uma vez, que os credores conheçam sua efetiva situação econômico-financeira.

Está incluída aqui a lista de todos os credores, sujeitos ou não ao processo, e dos seus créditos, devendo os dois ter sua qualificação completa declinada. Assim, deve ser indicada a natureza, a classificação e o valor atualizado de cada crédito, discriminando ainda sua origem, os vencimentos e os respectivos registros contábeis, no caso de cada transação pendente. Outrossim, deve-se trazer o nome do credor e seu endereço físico e eletrônico, exigência trazida pela Lei

n. 14.112/2020, sendo possível, como no processo civil, afirmar o desconhecimento do endereço eletrônico quando for o caso.

Também deve ser trazida a relação dos empregados, com as respetivas funções e remunerações, mencionando-se os valores que estejam em aberto. Igualmente, deve instruir a inicial uma relação dos bens dos sócios controladores e dos administradores do devedor, sendo possível que, eventualmente, se guarde sigilo sobre essa parte do processo. Do mesmo modo, devem ser trazidos os extratos atuais das contas bancárias do devedor, bem como de suas aplicações financeiras de qualquer tipo. Ainda nas relações descritivas, deve ser trazida aos autos uma relação e todas as ações judiciais e procedimentos arbitrais em curso, com a estimativa do valor em discussão. Por fim, a Lei n. 14.112/2020 trouxe a obrigatoriedade da relação de bens e direitos integrantes do ativo não circulante, mesmo daqueles bens que tenham um credor proprietário (Lei n. 11.101/2005 – art. 49, § 3º), sendo, neste caso, acompanhada dos respectivos instrumentos contratuais.

Exige-se ainda certidões dos cartórios de protesto, das localidades, nas quais o devedor exerça sua. Por fim, a Lei n. 14.112/2020 passou a exigir um relatório detalhado do passivo fiscal que, embora não participe do acordo de recuperação judicial, é necessário para identificar a real situação patrimonial do devedor.

5.6 EFEITOS DO AJUIZAMENTO

O simples fato de o devedor distribuir o pedido de recuperação já traz consequências para sua atividade. Várias mudanças ocorrem imediatamente e precisam ser postas em prática.

5.6.1 Distribuição de lucros

Ao ajuizar um pedido de recuperação judicial, o devedor reconhece que passa por um momento de dificuldades financeiras. Esse reconhecimento da crise do devedor gera uma presunção de que ele não tem condições econômicas adequadas. A crise significa que a atividade não tem condições de gerar lucros ou, se gerar resultados positivos, esses resultados devem ser mantidos no seu ativo ou direcionamentos ao pagamento de obrigações. Dentro dessa perspectiva, o artigo 6º-A da Lei n. 11.101/2005, introduzido pela Lei n. 14.112/2020, proíbe que o devedor distribua lucros ou dividendos a sócios ou acionistas, até que o plano de recuperação seja aprovado pelos credores. Eventual distribuição de lucros nesse período configura o crime de fraude a credores, com causa especial de aumento de pena.

Após a aprovação, a distribuição de lucros volta a ser permitida normalmente, uma vez que os créditos foram renegociados. Por se tratar de uma norma proibitiva, sua interpretação deve ser restritiva, sendo suficiente para que se admita a distribuição de lucros a aprovação pelos credores, independentemente da concessão judicial. Havendo convolação em falência, a distribuição fica novamente proibida. Havendo indeferimento da recuperação judicial, sem convolação em falência, deixa de haver qualquer restrição sobre a atuação do devedor.

5.6.2 Conselho fiscal nas companhias abertas

Outro efeito do simples ajuizamento do pedido de recuperação judicial é a obrigação de funcionamento do conselho fiscal nas companhias abertas, nos termos do 48-A da Lei n. 11.101/2005, introduzido pela Lei n. 14.112/2020.

Como regra geral para as sociedades anônimas abertas e fechadas, o conselho fiscal é um órgão obrigatório – previsto no estatuto – mas, seu funcionamento dependerá de uma deliberação da assembleia geral ou de um pedido de acionistas minoritários (Lei n. 6.404/76 – art. 161). Entrando em funcionamento, o conselho fiscal tem uma função de controle da gestão do negócio, promovendo uma fiscalização mais próxima das atividades do dia a dia.

Na recuperação judicial, há benefícios, para que o devedor tenha melhores condições de negociação de um acordo para superação da crise. Em contrapartida a esses benefícios, há uma fiscalização mais próxima das atividades do devedor, especialmente pela atuação do administrador judicial, do comitê de credores e do Ministério Público. Nesse caminho de uma fiscalização mais próxima, a Lei n. 14.112/2020 tentou trazer um órgão interno de fiscalização, dotado de deveres fiduciários.

5.6.3 Restrições da disponibilidade do ativo não circulante

Outro efeito do simples ajuizamento do pedido de recuperação judicial é a alteração das regras para alienação e oneração de bens do ativo não circulante.

O ativo não circulante é composto por ativo realizável a longo prazo, investimentos, imobilizado e intangível. O ativo realizável a longo prazo é aquele que só será transformado em receita após o fim do exercício seguinte, mas, já deve estar lançado no balanço pelo regime de competência, bem como aqueles resultados decorrentes de negócios não usuais no negócio. Os investimentos são as participações permanentes em outras sociedades e os direitos que não se destinam ao dia a dia do negócio, não sendo classificáveis como ativo circulante. O imobilizado abrange os direitos sobre bens corpóreos destinados à manutenção do negócio. Os intangíveis representam os direitos sobre bens incorpóreos destinados à manutenção do mesmo negócio. Em última análise, são bens que não são usualmente negociados nas atividades quotidianas do devedor, como bens imóveis, nos casos em que a negociação de imóveis não integre a atividade usual do devedor.

Esses bens do ativo não circulante costumam representar valores elevados do ativo do devedor e, pensando nisso, o artigo 66 da Lei n. 11.101/2005 passou a limitar a disponibilidade e a oneração desses bens, condicionando-a à autorização judicial ou a aprovação do plano de recuperação judicial. Assim, se o devedor quiser vender um imóvel do ativo não circulante, essa venda só será possível com autorização judicial ou, se já aprovado o plano, nos termos de realização do ativo ali previsto. Após a aprovação do plano, vale o que estiver ali previsto, uma vez que se obteve a autorização da massa dos credores. Antes dessa aprovação ou no caso de ativos não contemplados no plano, qualquer ato de disponibilidade ou oneração desses ativos dependerá de autorização do juiz.

Fora dos casos contemplados no plano aprovado, cabe ao devedor requerer a autorização ao juiz, para venda ou oneração dos bens ou direitos do ativo não circulante. O juiz ouvirá o comitê de credores, se houver, e decidirá sobre a alienação ou oneração solicitada. A Lei n. 14.112/2020 retirou do artigo 66 a menção a "evidente utilidade", de modo que a negociação será autorizada ou não, de acordo com a lógica de atendimento aos princípios da função social e da preservação da empresa. Assim, a alienação ou a oneração serão deferidas se forem úteis para a manutenção do negócio em funcionamento, sem prejudicar os outros interesses que tangenciam àquela atividade.

Obtida a autorização judicial, os credores, que representem 15% do total dos créditos abrangidos, terão o prazo de 5 dias para impugnar a autorização, não para discutir o cabimento do deferimento em si, mas, para requerer que a decisão seja feita pelos credores em assembleia, fundamentadamente. Exige-se ainda, para que essa impugnação tenha sucesso, que os credores impugnantes prestem caução referente ao valor total da alienação. Tudo leva a crer que, no caso de oneração, não há necessidade dessa caução. As condições de sucesso da impugnação são rígidas e tornam seu uso bem difícil.

Após o prazo de 5 dias, o administrador judicial terá 48 horas para apresentar um relatório ao juiz, sobre todas as manifestações apresentadas. Se preenchidas as condições de percentual e de caução, o administrador judicial convocará a assembleia geral de credores para deliberar sobre alienação ou a oneração dos bens, sendo que as despesas de convocação e realização da assembleia correrão por conta dos credores. A assembleia tomará uma decisão sobre a autorização ou não a alienação ou oneração e, a princípio, essa decisão prevalecerá, salvo alguma ilegalidade da decisão reconhecida pelo juiz. O juiz terá a possibilidade de controlar a legalidade da decisão da assembleia, verificando o próprio preenchimento dos requisitos estabelecidos.

Realizada a venda ou oneração em benefício de um adquirente ou financiador de boa-fé, a transação terá uma proteção maior, desde que autorizada pelo juiz ou prevista no plano aprovado. O adquirente ou o financiador, que recebeu a garantia, despenderam recursos que beneficiaram o devedor e a própria recuperação judicial. Nessa perspectiva, o artigo 66-A da Lei n. 11.101/2005, introduzido pela Lei n. 14.112/2020, torna esse tipo de negócio não sujeito a anulação ou ineficácia, após a sua consumação, resguardando-se apenas eventuais nulidades para sua invalidação. Assim, há uma grande segurança para o adquirente ou financiador de boa-fé que se beneficiaram do negócio autorizado, na forma indicada.

5.7 CONSTATAÇÃO PRÉVIA

Originalmente, o texto da Lei 11.101/2005 não previa nenhum tipo de auxílio ao juiz para constatação das condições do devedor e da documentação apresentada, para continuação do pedido de recuperação judicial, com o proferimento da decisão de processamento. Mesmo sem previsão expressão, alguns juízes vinham solicitando uma perícia inicial, prévia, sobre a documentação apresentada pelo devedor e sobre suas condições de funcionamento. Com a Lei 14.112/2020, passa a ser prevista expressamente, no artigo 51-A da Lei 11.101/2005, a constatação prévia, como um auxílio facultativo ao juiz para a decisão de processamento.

O juiz poderá, se assim entender, nomear um profissional de sua confiança, com conhecimentos técnicos e idoneidade, para realizar a constatação se o devedor possui reais continuações de funcionamento e se a documentação apresentada, acompanhando a petição inicial, está completa e regular. Trata-se de um auxílio muito útil para essa decisão inicial do juiz sobre o processamento ou não da recuperação judicial e, se for o caso, da determinação da emenda à petição inicial.

O profissional escolhido pelo juiz será nomeado independentemente de oitiva das partes do processo. Como seu trabalho é delimitado pela lei, no sentido da verificação das reais condições de funcionamento do devedor e da regularidade e completude da documentação, não há necessidade de formulação de quesitos.

Na constatação prévia não se discute a eventual viabilidade econômica da atividade, mas apenas as reais condições de funcionamento do devedor. Para verificar essas condições de funcionamento, o profissional nomeado deverá fazer diligências junto ao principal estabelecimento do devedor. Até para evitar situações de uma organização artificial do negócio, sua diligência poderá ser realizada sem a prévia ciência do devedor, quando o juiz entender que essa ciência prévia poderia prejudicar a finalidade da constatação prévia.

Realizada a diligência para constatar as reais condições de funcionado do devedor e procedida à análise da regularidade da documentação juntada pelo devedor, o profissional nomeado apresentará um relatório em juízo. Pelo trabalho realizado, o profissional nomeado fará jus a uma remuneração, que será arbitrada pelo juiz após a entrega do relatório, para verificar a complexidade do trabalho desenvolvido. Embora fixada pelo juiz, essa remuneração é um custo do devedor, que arcará com essa despesa, no interesse do processo.

À luz das informações apresentadas no relatório da constatação prévia, o juiz tomará sua decisão podendo deferir o processamento da recuperação judicial ou indeferi-la, ou ainda, determinar a emenda à petição inicial. A constatação prévia, em si, não é sujeita impugnação recursal, mas, a decisão tomada, com base na constatação prévia, pode ser objeto do competente recurso.

5.8 DECISÃO DE PROCESSAMENTO

Preenchidas as condições de legitimação e estando a petição inicial apta e devidamente instruída, o juiz da recuperação judicial deve proferir uma decisão de processamento do pedido. Trata-se de uma espécie de juízo de admissibilidade do processo, verificando apenas o preenchimento dos requisitos e a petição inicial e sua documentação. Não se trata ainda de uma análise da concessão ou não da recuperação judicial, nem de uma análise sobre a viabilidade econômica do devedor.

Tendo em vista a ideia de um simples juízo de admissibilidade, alguns autores[8] reconheceram uma natureza de despacho de mero expediente e, consequentemente, uma irrecorribilidade da decisão. Outra parte da doutrina, a nosso ver com razão, sustentava a condição de decisão interlocutória[9], pelos efeitos produzidos. A Lei n. 14.112/2020 alterou o artigo 189 da Lei 11.101/2005, reforçando

---

8. CAMPINHO, Sérgio. *Falência e recuperação de empresa*: o novo regime de insolvência empresarial. Rio de Janeiro: Renovar, 2006, p. 136; ANDREY, Marcos. In: DE LUCCA, Newton; SIMÃO FILHO, Adalberto (Coord.). *Comentários à nova lei de recuperação de empresas e de falências*. São Paulo: Quartier Latin, 2005, p. 281; LOBATO, Moacyr. *Falência e recuperação*. Belo Horizonte: Del Rey, 2007, p. 108.

9. NEGRÃO, Ricardo. *Manual de direito comercial e de empresa*. 2. ed. São Paulo: Saraiva, 2007, v. 3, p. 170; CAMPOS BATALHA, Wilson de Souza; RODRIGUES NETTO, Nelson; RODRIGUES NETTO, Sílvia Maria Labate Batalha. *Comentários à Lei de recuperação judicial de empresas e falência*. 4. ed. São Paulo: LTr, 2007, p. 102; PACHECO, José da Silva. *Processo de recuperação judicial, extrajudicial e falência*. 2. ed. Rio de Janeiro: Forense, 2007, p. 150; SOUZA, Bernardo Pimentel. *Direito processual empresarial*. Salvador: JusPodivm, 2008, p. 181; LOBO, Jorge. *Direito concursal*. 2. ed. Rio de Janeiro: Forense, 1998, p. 85.

essa segunda opinião, ao prever genericamente uma recorribilidade das decisões proferidas nos processos de recuperação judicial, por agravo, salvo se houver disposição em contrário.

Com ou sem recurso, essa decisão é um marco muito importante para o processo, produzindo uma série de efeitos.

A decisão de processamento traz uma série de providências administrativas para a melhor condução do processo. Nesse sentido, ela nomeia o administrador judicial que irá auxiliar o juiz na condução do processo. Dentro de uma das principais funções do administrador judicial que é fiscalizar o devedor, a decisão de processamento também determinará a apresentação de contas mensais, sob pena de destituição do devedor. Além disso, ela intima eletronicamente o Ministério Público e as Fazendas públicas, dos locais nos quais o devedor possui estabelecimento. Diante dessa informação, as fazendas públicas irão informar os créditos detidos em face do devedor, para conhecimento pelo público da real situação do devedor.

Outro efeito da decisão de processamento é a determinação da dispensa da apresentação de certidões negativas para exercício da atividade pelo devedor. A Lei 14.112/2020 alterou o artigo 52 da Lei 11.101/2020 nessa parte. Na redação original da lei, as certidões negativas não eram dispensadas para contratação com o poder público e para o recebimento de incentivos fiscais. Essa ressalva foi retirada, passando-se a mencionar apenas os artigos 195, § 3º da Constituição Federal e o artigo 69 da Lei n. 11.101/2005. Assim sendo, há uma dispensa para apresentar certidões negativas inclusive para a contratação com o poder público e para receber incentivos fiscais, exceto no caso de débitos com o sistema de seguridade social. Vale dizer, havendo dívida com a seguridade social não é possível nem a contratação com o poder, nem o recebimento dos incentivos fiscais, em razão de um mandamento constitucional (CF/88 – art. 195, §3º). Em todo caso, ao agir o devedor deverá sempre acrescer o seu nome da expressão em recuperação judicial.

Igualmente a decisão de processamento da recuperação judicial determinará a suspensão das execuções contra o devedor, por débitos abrangidos pelo processo de recuperação judicial, ressalvadas as ações de conhecimento, as execuções fiscais e as ações dos credores proprietários. Embora não precise constar da decisão de processamento, é certo que ela também gera a suspensão da prescrição para os credores abrangidos pelo processo de recuperação judicial. Também será um efeito automático da decisão de processamento, a proibição das medidas constritivas sobre o patrimônio do devedor, oriundas de medidas tomadas por credores abrangidos pelo processo (Lei n. 11.101/2005 – art. 6º).

Sem previsão expressa na lei, a jurisprudência consagrou o entendimento de que, após a decisão de processamento, passa a ser da competência do Juízo Recuperacional deliberar sobre atos de constrição ou alienação de bens e/ou valores da sociedade em recuperação[10]. Trata-se de uma força atrativa do juízo da recuperação, reconhecida jurisprudencialmente em razão da função social e da preservação da empresa. Tal orientação está inclusive sumulada pelo STJ, na súmula 480 que diz: "O juízo da recuperação judicial não é competente para decidir sobre a constrição de bens não abrangidos pelo plano de recuperação da empresa".

Além de todo o exposto, a publicação da decisão de processamento será um marco importante para a verificação de créditos e para a própria negociação com os credores.

---

10. STJ – AgInt no REsp 1760505/SP, Rel. Ministro Paulo De Tarso Sanseverino, Terceira Turma, julgado em 25.05.2020, DJe 28.05.2020.

6
PLANO DE
RECUPERAÇÃO JUDICIAL

6.1 ELEMENTOS DO PLANO

Como a recuperação judicial tem natureza de acordo, é essencial que haja um encontro de vontades entre o devedor e a massa dos seus credores. Para que se encontre ocorra, é necessário que exista uma proposta de acordo. Essa proposta de acordo é o plano de recuperação judicial.

O plano de recuperação judicial é uma peça separada composta por três partes, não necessariamente nessa mesma ordem. Em primeiro lugar, o plano é composto por informações sobre o patrimônio e sobre a atividade do devedor. Essas informações são retratadas em laudos econômico-financeiro e de avaliação dos bens e ativos do devedor, subscritos por um profissional habilitado. Em segundo lugar, serão indicados os meios de recuperação, isto é, as medidas que o devedor precisa para a superação da crise. Por fim, deve haver uma demonstração da viabilidade econômica das medidas de superação da crise, considerando uma modelagem do que vai ocorrer no futuro, se a recuperação for concedida.

O cerne desse plano é a indicação dos meios de recuperação, pois, em última análise, são esses meios que terão que obter a concordância dos credores. O artigo 50 traz um rol meramente exemplificativo de meios de recuperação, dentre os quais, os mais comuns são a concessão de prazo e/ou de desconto no pagamento, bem como a venda de ativos. A lista de meios de recuperação já era extensa, mas, foi ampliada pela Lei 14.112/2020 que incluiu mais dois meios de recuperação: a conversão de dívida em capital social e a venda integral da devedora.

A conversão de capital em dívida representa a entrada dos credores como sócios da sociedade devedora, utilizando-se o valor a receber como forma de integralização do capital social. Em síntese, os credores se tornam sócios. Nessa situação, não haverá nenhum tipo de responsabilização desses novos sócios, antigos credores, pela simples conversão de dívida em capital social (Lei 11.101/2005 – art. 50, § 3º). A mesma regra de não se responsabilização se aplica também nos casos de aporte de novos recursos no devedor ou de substituição dos administradores por esses credores.

A venda integral da devedora representa a transferência de todos os ativos integrantes do patrimônio da devedora, considerando-se esse conjunto de ativos uma unidade produtiva isolada o que, permite uma ausência de sucessão do adquirente pelas dívidas anteriores. Essa venda integral dependerá, porém, não apenas da aprovação dos credores, mas, também da observância do melhor interesse do credor, isto é, da garantia para credores não submetidos ou não aderentes das mesmas condições que eles teriam numa falência do devedor. Assim, se, com a venda integral, esses credores receberem menos do que receberiam na falência do devedor, tal meio não deve ser homologado pelo juiz.

Há uma grande liberdade para o que pode ser proposto, prevalecendo, como regra geral, uma liberdade na indicação dos meios de recuperação, valendo, como regra, aquilo que foi proposto e aprovado pelos credores. No entanto, existem alguns limites. Nesse sentido, qualquer ato que afete uma garantia real depende da aprovação expressa do credor que tem a garantia (Lei 11.101/2005 – art. 50, § 1º). Do mesmo modo, nos créditos em moeda estrangeira, a variação cambial só pode ser afastada com a concordância específica do respectivo credor (Lei 11.101/2005 – art. 50, § 1º). Aqui também entra a observância do melhor interesse do credor na venda integral da empresa.

Por fim, existe, no artigo 54 da Lei 11.101/2005, limites de prazo para pagamento das obrigações trabalhistas. As obrigações trabalhistas, de natureza exclusivamente salarial, vencidas nos três meses anteriores ao pedido de recuperação, limitadas a 5 salários-mínimos por trabalhador devem ser pagas no prazo máximo de 30 dias, contados da concessão da recuperação judicial. As demais obrigações trabalhistas e de acidente de trabalho devem ser pagas no prazo máximo de 1 ano, contado da concessão.

Esse prazo de 1 anos pode ser estendido por mais 2 anos, desde que atendidas condições inseridas no artigo 54, § 2º da Lei 11.101/2005, introduzidas pela Lei 14.112/2020. A prorrogação será admitida no caso de apresentação de garantias idôneas, a critério do juiz. Além disso, a classe dos credores trabalhistas (classe I) tem que aprovar especificamente a prorrogação, não sendo suficiente a aprovação da maioria. Além disso, é necessário que não haja desconto no pagamento, isto é, os créditos trabalhistas devem ser pagos na sua integralidade, nesse prazo maior, sem abatimentos.

6.2 APRESENTAÇÃO DO PLANO PELO DEVEDOR

Num primeiro momento do processo, a iniciativa de apresentação do plano é atribuída ao devedor. Ele tem o prazo de 60 dias corridos, após a publicação da decisão de processamento, para apresentar o plano de recuperação judicial em juízo, sob pena de ter a recuperação judicial convolada em falência. Nesse primeiro momento, temos uma exclusividade para o devedor apresentar o plano que, poderá ser alterada ao longo do processo, mas, sempre com a concordância do próprio devedor.

6.3 APRESENTAÇÃO DE PLANO ALTERNATIVO PELOS CREDORES

O plano apresentado pelo devedor é apenas uma proposta, dependendo da aprovação dos credores para representar o acordo de recuperação judicial. A princípio, o devedor tem o prazo de suspensão das execuções contra ele (180 ou 360 dias) para conseguir uma deliberação sobre o plano. Caso não tenha havido nenhuma deliberação – pode ser uma deliberação de suspensão da assembleia – surge para os credores a possibilidade de apresentar um plano alternativo concorrente ao plano do devedor. Os credores terão o prazo de 30 dias após a decurso do prazo da suspensão para apresentar esse plano concorrente.

Outra possibilidade de um plano alternativo ser apresentado pelos credores envolve a deliberação da assembleia pela rejeição do plano de recuperação judicial. No sistema anterior, qualquer rejeição do plano na assembleia implica automaticamente em convolação em falência. Atualmente, com a rejeição do plano, o administrador judicial deve submeter à votação, na mesma assembleia que rejeitou o plano do devedor, a abertura ou não do prazo de 30 dias para apresentação de plano alternativo pelos credores. A concessão do prazo só ocorrerá se tiver o voto favorável de mais da metade dos créditos presentes, considerando todos os créditos (sem divisão de classes) pelo valor. Aprovada a concessão do prazo, os credores terão 30 dias para apresentar um plano sucessivo ao do devedor.

O plano de recuperação alternativo, seja concorrente, seja sucessivo, deve preencher uma série de requisitos para ser submetido à votação em assembleia. Em primeiro lugar, o plano do devedor não pode ter sido aprovado, nem no quórum geral do artigo 45 da Lei 11.101/2005, nem no quórum alternativo do artigo 58, § 1º da mesma lei. Se o plano do devedor teve alguma dessas aprovações, ele tem a prioridade para ser considerado, impedido que se chegue a votar o plano alternativo.

Outrossim, o plano alternativo deve conter os mesmos elementos exigidos para o plano do devedor, conforme artigo 53 da Lei 11.101/2005, com os mesmos limites e liberdades estabelecidos para o próprio devedor. O plano alternativo pode inclusive prever a capitalização dos créditos, tornando os credores sócios do devedor. Se essa capitalização for de tal monta que gerar a alteração do controle, deve ser facultado aos sócios originais do devedor o direito de retirada.

Ademais, o plano alternativo deve contar com um apoio expressivo de credores. Esse apoio expressivo é representado pela adesão escrita de mais de 25% dos créditos totais submetidos ao processo, ou mais de 35% dos créditos presentes na assembleia geral de credores. Os credores apoiadores e aqueles aprovarem o plano alternativo na assembleia perderão as garantias pessoais prestadas por pessoas físicas, não admitidas ressalvas de voto. Vale dizer, as pessoas que estão de acordo com o plano alternativo perderão todas as fianças e avais prestados por pessoas físicas, se esse plano for aprovado. Não importam quem sejam esses garantidores pessoais pessoas físicas, todos eles ficarão liberados em relação aos credores que derem a sua concordância ao plano alternativo.

Além do já exposto, o plano alternativo não pode imputar novas obrigações aos sócios do devedor, vale dizer, não se pode impor aos sócios do devedor que prestem garantias novas para as obrigações assumidas no plano alternativo. Não há problema, em manter as obrigações que os sócios já possuíam antes da recuperação, mas, obrigações novas não podem ser impostas.

Por fim, exige-se que o plano alternativo passe no teste no melhor interesse do devedor. Em outras palavras, o plano alternativo não pode impor ao devedor ou aos seus sócios sacrifícios maiores do que os que ocorreriam numa falência. A ideia é simular o que ocorreria numa eventual falência, comparando a situação do devedor e

6 • PLANO DE RECUPERAÇÃO JUDICIAL

dos seus sócios nesta hipótese com o que está previsto no plano de recuperação judicial. Geralmente, é uma comparação de resultados financeiros.

6.4 APRECIAÇÃO DO PLANO DE RECUPERAÇÃO JUDICIAL

Como já ressaltado, o plano de recuperação judicial é uma proposta que, se obtiver a aceitação da massa de credores, se tornará no acordo. Assim, é fundamental que haja a oportunidade de manifestação de vontade dos credores sobre o plano apresentado. Para tanto, uma vez apresentado o plano, será publicado um edital informando aos credores o recebimento do plano e abrindo um prazo de 30 dias para apresentação de objeções, isto é, de discordâncias dos credores em relação ao plano. Esse prazo de 30 dias para manifestação dos credores é contado da publicação do edital ou da publicação da relação de credores, o que ocorrer por último.

Decorridos os 30 dias sem nenhuma objeção dos credores, considera-se o plano tacitamente aprovado. No entanto, se houver alguma objeção, não importando a quantidade ou o valor do crédito, a aprovação tácita é impedida, impondo-se a convocação de uma assembleia geral de credores para deliberar sobre o plano. Nessa assembleia haverá uma fase de discussão, sendo possível que sejam inseridas alterações no plano com o consentimento do devedor e sem prejuízo para os credores que estiverem ausentes. Superada a fase de discussão, passa-se a fase de deliberação sobre a aprovação ou rejeição ao plano. Não sendo possível realizar a deliberação sobre o plano, é possível que se decida pela suspensão da assembleia, caso em que a assembleia deverá ter seu encerramento em até 90 dias após a sua instalação (Lei 11.101/2005 – art. 56, § 9º).

Havendo planos concorrentes, acredita-se que a deliberação será primeiro sobre o plano do devedor que tem a primazia da negociação. Se o plano do devedor for aprovado, perde o objeto a deliberação sobre o plano alternativo. Se o plano do devedor não foi aprovado, passa-se a votação do plano alternativo concorrente.

A deliberação geralmente é feita na própria assembleia com a manifestação dos credores presentes. Para o plano ser aprovado, é necessário, a princípio, a aprovação das 4 classes de credores. Nas classes I (trabalhistas) e IV (ME/EPP) é necessária a concordância da maioria dos credores (votação por cabeça) da classe. Nas classes II (garantia real) e III (quirografários) é necessária a aprovação da maioria dos credores (votação por cabeça) e dos créditos (votação por valor) de cada classe. Com a aprovação das 4 classes, o plano foi aprovado pelos credores, cabendo ao juiz apenas um controle de legalidade do plano.

No caso do quórum padrão, é possível substituir essa votação dos presentes no sentido da aprovação do plano por sua adesão escrita. Até 5 dias antes da assembleia para deliberar sobre o plano, o devedor pode juntar aos autos termo de adesão escrito de credores que representem o quórum suficiente para aprovação. Com a juntada da adesão suficiente, a assembleia será dispensada, abrindo-se prazo de 10 dias para os credores apresentarem oposições a aprovação do plano. Com oposição, o devedor terá 10 dias para se manifestar.

As oposições são questionamento dos credores quanto à aprovação em si ou quanto ao plano aprovado. Os credores podem alegar que o quórum legal não foi alcançado, ou que o procedimento da lei não foi obedecido, ou ainda que há irregularidades nos termos de adesão juntados. Se a oposição não diz respeito à aprovação, é possível que ela questiona as cláusulas do plano, demonstrando alguma ilegalidade ou irregularidade no que foi aprovado. Embora essas oposições sejam previstas apenas no artigo 56-A da Lei 11.101/2005, que trata da adesão ao plano, acreditamos que elas também são cabíveis em qualquer caso de aprovação do plano de recuperação judicial, mesmo sem a adesão.

Alternativamente, é possível a aprovação do plano por um quórum alternativo (Lei 11.101/2005) que consiste na aprovação da maioria de todos os créditos, a aprovação da maioria das classes (3 se forem 4 presentes, 2 se forem 3 classes presentes e 1 se houver apenas duas classes presentes), a aprovação de pelo menos um terço na classe que tiver rejeitado o plano, além de não poder haver tratamento diferenciado para os credores dessa classe que rejeitou. Com esses requisitos o plano também pode ser considerado aprovado.

Não alcançada a aprovação, o plano é rejeitado. Não havendo planos concorrentes já juntados aos autos, o administrador judicial deve colocar em votação a abertura do prazo de 30 dias, para apresentação de plano alternativo sucessivo pelos credores. Alcançado o quórum de maioria de todos os créditos os presentes, será aberto prazo para apresentação do plano alternativo sucessivo que passará por uma nova votação em assembleia. Se não houver plano alternativo ou se esse plano alternativo também for rejeitado, decreta-se a falência do devedor.

7

CONCESSÃO, CUMPRIMENTO DA RECUPERAÇÃO JUDICIAL E CONVOLAÇÃO EM FALÊNCIA

7.1 CONCESSÃO

Aprovado o plano de recuperação judicial, o artigo 57 da Lei n. 11.101/2005 determina a apresentação de certidão negativa de débitos tributários. Apresentada a certidão ou dispensada judicialmente, caberá ao juiz conceder a recuperação judicial por sentença, cabendo-lhe apenas um juízo de legalidade sobre o plano. O STJ já afirmou que "o juiz está autorizado a realizar o controle de legalidade do plano de recuperação judicial, sem adentrar no aspecto da sua viabilidade econômica, a qual constitui mérito da soberana vontade da assembleia geral de credores"[1].

Concedida a recuperação judicial por sentença, sujeita a recurso de agravo (Lei 11.101/2005 – art. 59, § 2º), serão intimados eletronicamente o Ministério Público e as Fazendas Públicas, dos locais onde o devedor tenha estabelecimento. Essa sentença tem o condão de transformar o plano de recuperação em um título executivo judicial, vinculando todos os credores a ele sujeitos, mesmo aqueles que não tenham concordado com o plano de recuperação judicial.

Ao vincular todos os credores sujeitos, haverá uma novação das obrigações, que passarão a ter as condições previstas no plano de recuperação judicial. Essa novação é um pouco diferente da novação geral prevista no CC, na medida em que ela mantém as garantias prestadas por terceiros e fica sempre sujeita a uma condição resolutiva. Se o devedor tiver sua falência decretada, até dois anos após a concessão, essa convolação em falência implicará no fim dos efeitos da novação, de modo que os créditos novados voltaram a ter suas condições originais, respeitados os atos praticados validamente no período em que a novação produzia efeitos.

Além disso, a concessão altera o regime jurídico da alienação de filiais ou de unidades produtivas isoladas, se prevista essa alienação no plano aprovado. As filiais são estabelecimento secundários que possuem um vínculo com o estabelecimento mãe (matriz). Já as unidades produtivas isoladas (UPI) são "conjuntos de bens, direitos ou ativos de qualquer natureza, tangíveis ou intangíveis" (Lei

---

1. STJ – AgInt no AREsp 1643352/SP, Rel. Ministro Raul Araújo, Quarta Turma, julgado em 16.11.2020, DJe 14.12.2020.

11.101/2005 – art. 60-A), que sejam capazes de permitir o exercício de uma atividade produtiva, tentando-se maximizar os ativos do devedor. Equiparam-se as UPI, as participações societárias detidas pelo devedor que sejam alienadas como forma de transferência da titularidade de uma atividade.

A alienação desses ativos, prevista no plano de recuperação judicial, fugirá da negociação privada, devendo ser realizada por meio de uma negociação pública. Em regra, alienação se dará por meio de leilão eletrônico, presencial ou híbrido, nos moldes já previstos no CPC. Alternativamente, também é possível que essa alienação seja realizada por meio de processo competitivo autônomo, organizado por algum profissional especializado ou confiável. Ainda é possível alternativamente que exista alguma outra modalidade de alienação. As modalidades alternativas de venda são aplicáveis, desde que previstas no plano aprovado, ou que seja aprovada em assembleia separada ou pelo juiz, ouvido o administrador judicial e o Comitê de Credores, se houver. Em todo caso, estaremos diante de uma alienação judicial, devendo o Ministério Público e as Fazendas Públicas ser intimados eletronicamente.

Dentro do procedimento legal, a alienação desses ativos só terá interessados se for garantida a não responsabilização dos adquirentes pelas dívidas do devedor. Havendo algum tipo de sucessão, o interesse na aquisição dos bens diminui ou desaparece completamente. Por isso, o artigo 60, parágrafo da Lei n. 11.101/2005 afiram que o objeto da alienação estará livre e desembaraçado de qualquer ônus, inclusive de obrigações trabalhistas e tributárias. O texto aprovado no Congresso em 2020, alterava esse dispositivo para ampliar as hipóteses de não responsabilização, mas, a modificação acabou sendo vetada. Apesar do veto, a ideia de uma alienação judicial deve dar segurança ao adquirente e, por isso, mantemos a ideia de que não haverá nenhum tipo de responsabilidade do adquirente por dívidas do alienante.

7.2 PERÍODO DE OBSERVAÇÃO

Após a concessão da recuperação judicial, inicia-se o chamado período de observação, isto é, um período de uma fiscalização mais

7 • RECUPERAÇÃO JUDICIAL E CONVOLAÇÃO EM FALÊNCIA   75

próxima do devedor. Esse período de observação será o período que o juiz determinar que o devedor permaneça em recuperação judicial (Lei n. 11.101/2005 – art. 61). A atribuição dessa competência para o juiz, veio apenas com a alteração trazida pela Lei 14.112/2020. Há uma certa discricionariedade do juiz na fixação desse período, fixando a lei apenas o parâmetro máximo de até 2 anos após a concessão da recuperação judicial. Não importa se houve aditamento ao plano ou período de carência, o que importa é a data da concessão para fixar o período máximo de observação.

Durante esse prazo, o devedor permanece em recuperação judicial, devendo usar o nome acompanhado da expressão "em recuperação judicial". Além disso, ele deve continuar a prestar contas mensais, até o encerramento do processo, sendo acompanhando pelo administrador judicial, pelo comitê de credores, se houve, pelo Ministério Público e pelos credores. Esse acompanhamento tão próximo do devedor, exige que ele cumpra suas obrigações pontualmente sob pena de perder a confiabilidade que se exige nesse período. Pela importância desse período, o artigo 61, § 1º da Lei n. 11.101/2005 determina convolação em falência pelo descumprimento de qualquer obrigação assumida no plano de recuperação.

7.3 ENCERRAMENTO DA RECUPERAÇÃO JUDICIAL

De outro lado, caso o devedor cumpra todas as obrigações previstas no plano para o período de observação fixado, o processo de recuperação judicial, pode ser extinto por sentença. O encerramento da recuperação judicial é apenas o fim do processo e dos seus efeitos específicos, como a obrigação de prestação de contas mensais, dispensando-se a atuação do administrador judicial, do comitê de credores e até do Ministério Público. Contudo, o encerramento do processo não significa uma extinção do plano de recuperação judicial que deverá ser cumprido por todo o prazo previsto.

No caso de descumprimento do plano após o encerramento da recuperação judicial, cabe aos credores individualmente decidir o que fazer. Sem o processo, não há mais uma massa de credores, cabendo a cada credor agir individualmente, tendo dois caminhos. O primeiro caminho é promove o cumprimento de sentença, exigindo o que está previsto no plano, que se tornou título executivo judicial. O outro caminho é o pedido de falência, na medida em que o descumprimento do plano de recuperação judicial é um ato de falência.

7.4 CONVOLAÇÃO DA RECUPERAÇÃO JUDICIAL EM FALÊNCIA

Ao requerer a recuperação judicial, o devedor reconhecer que está em um estado de insolvência e requer uma solução para essa situação. Essa solução pode ser a recuperação ou eventualmente a falência, vale dizer, nos pedidos de recuperação judicial, é possível que haja a decretação em falência, falando-se em convolação, nos termos do artigo 73 da Lei n. 11.101/2005.

Essa convolação pode ocorrer uma deliberação da assembleia geral de credores, isto é, os credores, reunidos em assembleia, podem decidir pela não continuação da recuperação judicial, deliberando que a solução para a insolvência do devedor deve ser a liquidação patrimonial forçada, por meio da falência. Há uma autonomia dos credores para decidir a sorte do devedor.

Igualmente, a convolação é possível se o devedor não conseguiu cumprir sua obrigação de apresentar o plano, no prazo de 60 dias após a decisão de processamento. Se o devedor não consegue sequer apresentar sua proposta, no prazo exigido por lei, ele não merece a proteção da recuperação judicial, devendo ter a falência como seu destino. Do mesmo modo, se o devedor não cumprir as obrigações previstas no plano, durante o período de observação, de até 2 anos após a concessão. Mais uma vez, há uma perda de confiança no devedor, de modo que ele perca sua proteção pela recuperação judicial.

Também haverá a convolação pela não aprovação definitiva do plano. Neste particular, deve-se considerar eventualmente a existência do plano alternativo dos credores. Vale dizer, para haver convolação, o plano do devedor deve ter sido rejeitado e os credores não devem ter usado da opção de apresentar o plano alternativo ou o próprio plano alternativo não deve ter sido aprovado. Em outras palavras, para haver a convolação, é essencial que não existe nenhum plano passível de aprovação nos autos.

Além de atualizar a questão da não aprovação do plano, a Lei 14.112/2020 trouxe também mais duas hipóteses de convolação da recuperação judicial em falência.

A convolação ocorrerá se o devedor não honrar os parcelamentos especiais de débitos fazendários ou a eventual transação sobre esses mesmos débitos. Não são créditos abrangidos pela recuperação judicial, mas seu descumprimento foi considerado como mais um motivo de perda da confiança no devedor e, consequentemente, de perda da proteção da recuperação.

Por fim, haverá a convolação nos casos de demonstração de um esvaziamento patrimonial do devedor, em prejuízo de credores não sujeitos à recuperação judicial. A configuração desse esvaziamento será bem subjetiva, dependendo da situação de cada devedor. Em todo caso, ele deve implicar uma liquidação substancial do devedor, isto é, uma ampla transferência de ativos relevantes, gerando uma queda acentuada do patrimônio do devedor em prejuízo das fazendas públicas ou de qualquer credor não sujeito.

8
RECUPERAÇÃO ESPECIAL

8.1 O PLANO ESPECIAL DE RECUPERAÇÃO JUDICIAL

O processo de recuperação judicial tem custos muito elevados, especialmente no que tange ao processo de negociação e deliberação do acordo apresentado. Diante disso, os artigos 70 a 72 da Lei 11.101/2005 criou uma espécie de plano de recuperação pré-formatado que reduziria os custos dessa fase de negociação.

A recuperação especial envolve um acordo que pode abranger todos os credores existentes na data do pedido, com exceção dos credores proprietários (Lei 11.101/2005 – art. 49, §§ 3º e 4º) e dos repasses de recursos oficiais. Trata-se de uma recuperação judicial comum, mas com um plano de acordo com formato prévio.

Esse plano pré-formatado envolverá um parcelamento das dívidas em até 36 meses, com incidência de juros equivalentes à taxa SELIC, carência de até 180 dias após a distribuição do pedido. Além disso, o plano especial conterá uma cláusula que prevê a necessidade de autorização judicial para contratação de empregados e para o aumento de despesas. De modo facultativo, o devedor pode propor um abatimento das dívidas.

Não haverá assembleia geral de credores para deliberar sobre esse plano. Ele será considerado aprovado se não houver objeção de mais da metade dos créditos de cada classe abrangida. Havendo essa objeção expressiva, de mais da metade dos créditos de cada classe abrangida, haverá a convolação da recuperação judicial em falência.

8.2 ABRANGÊNCIA DA RECUPERAÇÃO ESPECIAL

A recuperação especial foi prevista originalmente para devedores enquadrados como microempresa (receita bruta anual de até R$ 360.000,00) ou empresa de pequeno porte (receita bruta entre R$ 360.000,00 e R$ 4.800.000,00).

A Lei n. 14.112/2020 trouxe mais um tipo de devedor para esse plano especial, qual seja, o produtor rural pessoa física com receita bruta anual de até R$ 4.800.000,00. Naturalmente, esse devedor deve estar registrado na junta comercial e deve comprovar os 2 anos de regularidade fiscal. Preenchidas também as demais condições de legitimação, o produtor rural deverá indicar, desde a petição inicial, a intenção de usar o plano especial.

9

ATUAÇÃO DO DEVEDOR DURANTE A RECUPERAÇÃO JUDICIAL

9.1 CONTINUAÇÃO DOS NEGÓCIOS

A recuperação judicial tem como um de seus objetivos a manutenção da fonte produtora, isto é, a continuação do negócio em funcionamento. Normalmente, durante o processo, é o próprio devedor que continua na condução dos negócios, tomando as decisões gerenciais e administrativas que lhe tocam para essa continuação.

Apenas, excepcionalmente, haverá o afastamento do devedor da gestão do negócio, naquelas hipóteses do artigo 64 da Lei n. 11.101/2005, que não foram objeto de alteração. A essência das hipóteses de afastamento é uma perda da confiabilidade no devedor como gestor, como alguém que tem condições de conduzir o negócio, no momento de crise. Havendo o afastamento, os negócios passarão a ser tocados, normalmente, por um gestor judicial indicado pelos credores.

Fora das hipóteses excepcionais de afastamento, o devedor continua na gestão dos negócios, mas, terá muita desconfiança a seu redor, tendo grandes dificuldades de acesso a crédito e até a muitos dos seus fornecedores. Tentando contornar a desconfiança de credores e fornecedores, o artigo 67 da Lei 11.101/2005 diz que as obrigações contraídas pelo devedor durante a recuperação judicial, incluindo fornecedores e financiadores, terão o status de extraconcursal numa eventual falência do devedor. Trata-se de uma condição bem privilegiada para essas novas obrigações.

Ocorre que, a previsão do artigo 67 não foi suficiente para viabilizar uma boa condução dos negócios pelo devedor. Assim sendo, o Lei 14.112/2020 tentou permitir um tratamento para especial, no plano de recuperação judicial, para credores parceiros, que continuam a fornecer. Além disso, ela tentou trazer um tratamento especial para os financiadores que concedem crédito durante o processo de recuperação judicial.

9.2 CREDORES "PARCEIROS"

O plano de recuperação judicial ao trazer a indicação dos meios de recuperação judicial, separa os credores em grandes classes, comumente, como as classes estabelecidas para votação do plano. Ocorre que, em alguns casos, essas classes amplas não facilitavam as negociações pelo devedor e, especialmente, não ajudavam na continuação dos negócios. Em razão disso, a prática criou subclasses nos planos de recuperação judicial, com critérios diferenciados de pagamento.

A jurisprudência confirmou a validade dessas subclasses afirmando que "a criação de subclasses entre os credores da recuperação judicial é possível desde que seja estabelecido um critério objetivo, justificado no plano de recuperação judicial, abrangendo credores com interesses homogêneos, ficando vedada a estipulação de descontos que impliquem em verdadeira anulação de direitos de eventuais credores isolados ou minoritários"[1]. Com essas subclasses, eram oferecidas vantagens a determinados credores no plano, em busca da sua aprovação e em busca da continuação do negócio.

Os credores parceiros, terminologia não técnica, são aqueles credores que, possuem créditos a receber no plano de recuperação judicial e continuaram a fornecer bens e serviços normalmente durante o curso do processo. Embora as atividades do devedor continuem normalmente, o fornecimento costuma ter problemas de continuidade. Aqueles credores que contribuem para a continuação do negócio, fornecendo normalmente, são parceiros do devedor e, por isso, são dignos de condições especiais.

A Lei 14.112/2020, alterou o parágrafo único do artigo 67 da Lei 11.101/2005, para consagrar legalmente a possibilidade de um tratamento diferenciado para os credores parceiros, trazendo duas condicionantes. Para evitar privilégios artificiais a determinados credores, os credores parceiros podem ter um tratamento diferenciado se os bens ou serviços que continuaram a ser fornecidos, são necessários para a manutenção das atividades. Além disso, o tratamento diferenciado deve ser adequado e razoável, considerando o futuro da relação comercial entre as partes. Presentes as condicionantes, o tratamento diferenciado é permitido pelo atual texto da Lei n. 11.101/2005.

---

1. STJ – REsp 1700487/MT, Rel. Ministro RICARDO VILLAS BÔAS CUEVA, Rel. p/ Acórdão Ministro Marco Aurélio Bellizze, Terceira Turma, julgado em 02.04.2019, DJe 26.04.2019.

9.3 FINANCIAMENTO DURANTE A RECUPERAÇÃO JUDICIAL

Inicialmente, é oportuno diferenciar os financiamentos comuns e os financiamentos especiais. Os financiamentos comuns são aqueles concedidos durante a recuperação judicial, mas sem a necessidade autorização judicial. Esses financiamentos comuns têm apenas o benefício do enquadramento como extraconcursal, em caso de falência do devedor, como qualquer ato jurídico válido praticado durante a recuperação judicial. De outro lado, os financiamentos especiais são aqueles concedidos, mediante autorização judicial, trazendo o tratamento especial previsto nos artigos 69-A a 69-F. É sobre esses financiamentos especiais que temos novidades decorrentes da Lei 14.112/2020.

O tratamento especial desse capítulo é destinado a alguns financiamentos específicos. Em primeiro lugar, o financiamento deve ser concedido durante a recuperação judicial, considerando-se a partir do ajuizamento até o seu encerramento. Em segundo lugar, esse financiamento deve ter uma destinação própria, vinculada as suas atividades, ou as despesas de reestruturação ou de preservação do valor de ativos. Em terceiro, o financiamento especial deve contar com garantias reais ou alienação fiduciária de bens e direitos, do devedor ou de terceiros, pertencentes ao ativo não circulante, como por exemplo, bens imóveis que não são objeto de negociação usual. Por fim, o financiamento especial deve contar com autorização judicial prévia, ouvido o Comitê de Credores.

Esse financiamento especial pode ser concedido por qualquer pessoa que esteja disposta a financiar o devedor em recuperação judicial. Pode ser alguém que já é credor, sujeito ou não a recuperação judicial. Caso o financiamento seja concedido por um credor sujeito à recuperação, ele será considerado um credor parceiro, podendo ter condições especiais na recuperação. Além dos credores, pessoas próximas ao devedor como familiares, sócios ou outros integrantes do grupo empresarial também podem ser os responsáveis por essa concessão.

Obtida a autorização, o financiamento pode ser aperfeiçoado e, como se trata de um contrato real, seu aperfeiçoamento se dará com a entrega de valores ao devedor, sendo possível uma eventual entrega parcelada. Neste caso de entrega parcelada, o contrato será automaticamente extinto se o devedor tiver sua falência decretada antes da entrega total dos valores. Dispensa-se o financiador da obrigação de entregar o resto, permitindo o enquadramento do seu crédito na falência.

Em relação aos valores já entregues, há uma grande proteção, considerando-se o crédito relativo a esses valores como um crédito extraconcursal, na falência do devedor. É uma posição bem vantajosa, estando atrás apenas dos créditos prioritários previstos nos artigos 150 e 151 da Lei n. 11.101/2005. O crédito relativo aos financiamentos especiais fica acima dos pedidos de restituição em dinheiro e de outros créditos extraconcursais, como os atos jurídicos válidos praticados durante a recuperação judicial. Essa condição de crédito extraconcursal não é alterada, nem mesmo se a decisão autorizativa do financiamento for reformada em sede de recurso.

Do mesmo modo, as garantias ofertadas são mantidas, mesmo em caso de reforma da decisão autorizativa. Essas garantias podem ser prestadas pelo devedor, com bens do seu ativo não circulante, mas, também pode ser prestada por qualquer outra pessoa. Admite-se inclusive que as garantias sejam prestadas por outras integrantes do grupo, estando ou não em recuperação judicial.

Ainda no que tange às garantias, são admitidas garantias subordinadas sobre ativos do próprio devedor, para os financiamentos especiais. Nas garantias subordinadas, o bem já gravado por uma garantia real antes do financiamento e será gravado por uma nova garantia em favor do financiador. A segunda garantia é uma garantia subordinada, a qual ficará limitada ao excedente da alienação do bem dado em garantia. Vale dizer, o bem dado em garantia será alienado e o produto da venda servirá primeiro para a satisfação do crédito que tinha a primeira garantia. Apenas o saldo da venda será destinado ao titular da garantia subordinada.

Não são admitidas garantias subordinadas a bens ou direitos do devedor que foram objeto de alienação ou cessão fiduciária. Nesses casos, o bem já não pertence ao devedor e, por isso, ele não pode mais oferecer esse ativo em garantia. Portanto, as garantias subordinadas se limitam a direitos reais de garantia incidentes sobre os ativos do próprio devedor. Também não são admitidas garantias subordinadas sobre bens de terceiros.

10
CRÉDITOS FAZENDÁRIOS NA RECUPERAÇÃO JUDICIAL

10.1 INDISPONIBILIDADE DO CRÉDITO PÚBLICO E A RECUPERAÇÃO JUDICIAL

Como já mencionado, o crédito fazendário é aquele detido por pessoas jurídicas de direito público, sendo regido por normas de direito público. Ao trazer o direito público para essa disciplina creditícia, a relação jurídica tem contornos muito diferentes do crédito privado. Nessa perspectiva, não há como a Fazenda Pública participar de uma assembleia de credores e ter seus créditos negociados por votação da massa de credores. A lei é o limite que impede a colocação desse tipo de crédito no processo. Nesse particular, a Lei 14.112/2020 entrou em detalhes deixando claro que negociação do crédito fazendário se dará em outro âmbito e nos termos de leis especiais.

Prova disso, é que o artigo 7º-A da Lei 11.101/2005, introduzido pela Lei 14.112/2020, prevê o incidente de classificação do crédito público apenas para a falência. Na falência, não há negociação do crédito, mas, apenas o seu pagamento, de acordo com uma ordem legal de preferência, sendo perfeitamente normal que o crédito fazendário entre nessa ordem de pagamento.

Outrossim, o artigo 6º, § 7º-B da Lei 11.101/2005, introduzido pela Lei 14.112/2020, prevê a não suspensão das execuções fiscais. Do mesmo modo, não será suspensa a prescrição dos créditos fazendários durante a recuperação judicial. E ainda, não serão proibidas as medidas constritivas nas execuções fiscais, podendo o juiz da recuperação, no máximo, determinar a substituição das medidas constritivas sobre os bens essenciais à atividade do devedor.

Tudo isso é reforçado pelas alterações inseridas pela mesma Lei 14.112/2020 na Lei 10.522/2002, criando ou modificando mecanismos de parcelamento e transação de créditos fazendários para os devedores em recuperação judicial, ao menos na órbita federal. Cabe aos Estados, ao Distrito Federal e aos municípios, nas suas respectivas esferas de atuação, criar mecanismos de facilitação do pagamento dos créditos fazendários por esses devedores. A crise inevitavelmente dificulta o pagamento das obrigações, inclusive das fazendárias e a realidade impõe o surgimento de condições mais favoráveis, sob pena de inviabilizar qualquer pagamento.

10.2 PARCELAMENTO ESPECIAL PARA O DEVEDOR EM RECUPERAÇÃO JUDICIAL

Desde o texto original, o artigo 68 da Lei 11.101/2005 prevê a possibilidade de as Fazendas Públicas criarem um parcelamento especial para os devedores em recuperação judicial. Na órbita federal, o parcelamento foi disciplinado pelo artigo 10-A da Lei 10.522/2002, com a redação dada pela Lei 14.112/2020. A adoção de uma dessas modalidades especiais de parcelamento, não impede o devedor, em recuperação judicial, de buscar outros meios de parcelamento criados por leis especiais, que tenham condições mais favoráveis, no seu ponto de vista.

Inicialmente, é oportuno esclarecer que basta ao devedor ter requerido a recuperação judicial ou ter deferido o processamento para que seja possível lançar mão do parcelamento especial. O art. 10-A da Lei 10.522/2002 faz referência aos artigos 51, 52 e 70 da Lei 11.101/2005, que se referem, respectivamente ao pedido inicial, à decisão de processamento e ao pedido inicial da recuperação com base em plano especial. Diante dessas referências, desde o pedido da recuperação convencional ou da recuperação com base em plano especial é possível buscar o parcelamento. Tanto é assim, que o parcelamento abrange os débitos existentes na data do protocolo da petição inicial da recuperação judicial.

Em relação aos débitos com a Fazenda Nacional, em geral, inclusive não vencidos ainda, é previsto um parcelamento da dívida consolidada, em até 120 prestações mensais e sucessivas. Caso o devedor seja ME/EPP o prazo pode ser aumentado em mais 24 parcelas. Da primeira à décima segunda prestação, cada parcela equivalerá a 0,5% do valor total do débito consolidado. Da décima terceira à vigésima quarta prestação, cada parcela será equivalente a 0,6% do débito remanescente consolidado. Da vigésima quinta prestação em diante, o valor consolidado será dividido em até 96 prestações mensais e sucessivas, correspondendo cada prestação a uma fração da dívida remanescente.

Em relação aos débitos administrados pela receita federal do Brasil, até 30% da dívida poderá ser quitada mediante compensação com créditos decorrentes de até 25% do prejuízo fiscal, de um percentual variável de acordo com atividade (20%, 17% ou 9%) sobre a base de cálculo negativa da Contribuição Social sobre o Lucro Líquido (CSLL) ou de outros créditos da Receita Federal do Brasil. O restante será parcelado em até 84 vezes, obedecendo-se determinados parâmetros para a fixação de cada parcela a ser paga. Da primeira à décima segunda prestação, cada parcela equivalerá a 0,5% do valor total do débito consolidado. Da décima terceira à vigésima quarta prestação, cada parcela será equivalente a 0,6% do débito remanescente consolidado. Da vigésima quinta prestação em diante, o valor consolidado será dividido em até 60 prestações mensais e sucessivas, correspondendo cada prestação a uma fração da dívida remanescente. Caso o devedor seja ME/EPP o prazo pode ser aumentado em mais 16 parcelas.

Os parcelamentos especiais do artigo 10-A da Lei 10.522/2002 devem abranger a totalidade dos débitos exigíveis em nome do sujeito passivo, inscritos ou não em dívida ativa. Poderão ser excluídos débitos sujeitos a outros parcelamentos, desde que não haja discussão judicial incidente sobre os débitos. Os débitos que sejam objeto de contestação judicial também serão excluídos, desde que exista decisão suspendendo sua exigibilidade ou seja prestada garantia idônea aceita pela Fazenda Nacional, em juízo. No caso da eventual prestação de garantia, o bem dado em garantia não pode ser incluído no processo de recuperação judicial, podendo ser usado normalmente para satisfação do débito, salvo se sua exigibilidade estiver suspensa. Para incluir os débitos contestados judicial ou administrativamente no parcelamento especial, deve haver a desistência das contestações adotadas.

Definidos os débitos abrangidos pelo parcelamento especial, o devedor deverá firmar um termo de compromisso para que o parcelamento seja aperfeiçoado. O mesmo termo de compromisso se aplicará aos parcelamentos decorrentes de outras leis especiais, nos quais houve a adesão do devedor em recuperação judicial. No termo de compromisso, o devedor assume a obrigação de prestar informações bancárias sobre suas disponibilidades atuais e futuras. Neste termo, haverá ainda um compromisso de amortização do passivo fazendário com uma parcela do produto da venda de bens do seu ativo não circulante durante o processo de recuperação judicial. Havendo amortização, ocorrerá a redução do número de parcelas. Além disso, haverá a obrigação de manter a regularidade fiscal, cumprindo as obrigações relativas ao FGTS

O parcelamento nos prazos previstos normalmente deve ser extinto pela quitação. No entanto, por vezes, o parcelamento é extinto sem o pagamento da dívida, com a exclusão do devedor. São motivos para essa exclusão uma inadimplência qualificada, entendida como a de 6 parcelas consecutivas ou 9 intercaladas. Nas últimas parcelas, a exclusão poderá ocorrer pela falta de pagamento de 1 até 5 parcelas, conforme o caso. Também haverá exclusão se demonstrados atos tendentes ao esvaziamento patrimonial do devedor, fraudando o pagamento do parcelamento.

Igualmente, haverá exclusão do devedor do parcelamento se a recuperação não for concedida, seja pela extinção sem julgamento do mérito, seja pelo eventual indeferimento do pedido de recuperação, seja pela convocação em falência. Qualquer outra situação que gera a falência do devedor também será motivo de exclusão, bem como a extinção do devedor em razão de procedimento de liquidação ordinária. Além disso, qualquer concessão de medida cautelar fiscal, nos termos da Lei 8.397/92. Por fim, haverá a exclusão do parcelamento nos casos de declaração de inaptidão da inscrição no CNPJ, seja pela falta de entrega de declarações, seja pela não funcionamento de fato.

Extinto o parcelamento, os débitos com a Fazenda Nacional voltam a ser exigíveis, admitindo-se o prosseguimento das execuções fiscais já existente, inclusive com a penhora e expropriação dos pens que venham a ser penhoradas. Como os débitos podem ser exigidos, as garantias eventualmente constituídas serão imediatamente executadas. Ademais, fica cancelamento o pagamento parcial realizado pela compensação de créditos, como acima mencionado. Ademais, a Fazenda Nacional poderá requerer a convolação da recuperação em falência.

10.3 PARCELAMENTO ESPECIAL DE TRIBUTOS RETIDOS

A princípio, o parcelamento especial previsto no artigo 10-A da Lei 10.522/2002 não pode abranger os tributos passíveis de retenção na fonte, de desconto de terceiros ou de sub-rogação, nem o IOF retido e não recolhido (Lei 10.522/2002 – art. 14). Considerando a importância desse tipo de débitos, a Lei 14.112/2020 incluiu um artigo 10-B na Lei 10.522/2002 prevendo uma modalidade especial de parcelamento desses tributos.

Cuida-se de um parcelamento em até 24 parcelas, o que pode parecer pouco, mas, na verdade nem se podia parcelar esses tipos de débitos. Da primeira à sexta prestação, cada parcela corresponderá a 3% do valor desses débitos consolidados. Da sétima à décima segunda prestação, cada parcela será 6% desses débitos remanescentes. Da décima terceira prestação em diante, a dívida consolidada remanescente será dividia em 12 parcelas mensais, sendo cada prestação calculada de acordo com esse prazo. Caso o devedor seja enquadrado como ME ou EPP o prazo será aumentado em até 20%, sendo acrescidas até 4 parcelas.

Valem para esse parcelamento, as regras do artigo 10-A da Lei 10.522/2002, no que couber. Não se aplicam, naturalmente, os prazos e mecanismos de compensação do parcelamento do artigo 10-A e todos as regras daí decorrentes.

10.4 TRANSAÇÃO PARA DEVEDORES EM RECUPERAÇÃO JUDICIAL

Alternativamente aos mecanismos de parcelamento, o artigo 10-C da Lei 10.522/2002, introduzido pela Lei 14.112/2020, traz a possibilidade de o devedor em recuperação judicial propor uma transação para a Fazenda Nacional.

A transação é uma forma de extinção de créditos e terminação de litígios por meio de concessões recíprocas. No caso do crédito da Fazenda Pública, os mecanismos de transação dependem de autorização legal expressa. Na órbita federal, já existe uma lei para regular a transação, a Lei 13.988/2020. O que se fez no artigo 10-C da Lei 10.522/2002 foi trazer condições específicas para a transação com um devedor em recuperação judicial.

O devedor, em recuperação judicial, tem um intervalo específico para apresentar sua proposta, entre a decisão de processamento e o momento de apresentação de certidão negativa de débitos tributários em juízo. Dentro desse intervalo, o devedor pode apresentar para a

Fazenda Nacional proposta de transação, com prazo máximo de 120 meses e desconto máximo de 70% dos débitos consolidados. O prazo poderá ser aumentado em até 12 meses, se o devedor desenvolve projetos sociais. A transação abrangerá apenas créditos já inscritos em dívida ativa.

A proposta será objeto de avaliação pela Procuradoria-Geral da Fazenda Nacional, em juízo de conveniência e oportunidade, considerando alguns parâmetros legais. Em primeiro lugar, deve ser considerada a recuperabilidade do crédito, considerando-se, inclusive, eventual falência. Vale dizer, pode-se fazer o teste do melhor interesse do credor, calculando quanto a Fazenda Nacional receberia numa eventual falência. Igualmente, deve ser comparado o passivo fiscal com o restante das dívidas daquele devedor, bem como o número de empregados gerados.

Uma vez aceita a transação, são impostas algumas obrigações adicionais ao devedor. Inicialmente, ele deve se comprometer a fornecer informações bancárias sobre suas disponibilidades atuais e futuras. Além disso, ele deve manter sua regularidade fiscal, bem como perante o FGTS. Ademais, no caso de alienação ou oneração de bens do ativo não circulante, o devedor deve provar que não há prejuízo para o cumprimento das obrigações contraídas com na transação.

A transação será rescindida em caso de não pagamento de 6 parcelas consecutivas ou 9 alternadas. No caso das últimas parcelas, pela falta de pagamento de 1 a 5 parcelas, se as demais estiveram pagas.

11

RECUPERAÇÃO EXTRAJUDICIAL

11.1 CRÉDITOS ABRANGIDOS

A recuperação extrajudicial é um acordo entre o devedor e a massa dos seus credores, celebrado extrajudicialmente, e, eventualmente, homologado em juízo. Esse acordo abrange todos os créditos existentes na data do pedido, excetuados os créditos de natureza tributária e os créditos detidos pelos credores proprietários (Lei 11.101/2005 – arts. 49, § 3º e 86, II).

Na redação original da Lei 11.101/2005, também ficavam de fora desse acordo, os créditos trabalhistas e de acidente de trabalho. Com a Lei n. 14.112/2020, passa a ser possível uma inclusão desses créditos no acordo de recuperação extrajudicial, desde que haja uma negociação coletiva com o sindicato da respectiva categoria profissional. A representação pelo respectivo sindicado dá aos credores trabalhistas e de acidente de trabalho a devida proteção, evitando negociações em condição de extrema desigualdade.

Definidos os credores abrangidos, à luz da eventual modificação proposta, eles podem ser divididos em classes diferentes das usuais, considerando critérios objetivos de enquadramento dentre os créditos da mesma natureza.

11.2 MODALIDADES DE RECUPERAÇÃO EXTRAJUDICIAL

A depender da extensão da concordância dos credores com o acordo, pode-se falar em duas modalidades de recuperação extrajudicial.

A primeira modalidade é aquela que conta com o apoio de todos os credores abrangidos, sendo um acordo já pronto extrajudicialmente, podendo apenas ser homologado em juízo para formar um título executivo judicial. Trata-se da recuperação extrajudicial de homologação facultativa que não foi alterada pela Lei 14.112/2020.

A segunda modalidade não conta com a concordância de todos os créditos abrangidos, mas conta com uma concordância expressiva, considerada suficiente para vincular todos os créditos das classes abrangidas, desde que haja a homologação judicial. A Lei 14.112/2020 alterou o quórum exigido para essa modalidade, que passou de mais de 3/5 dos créditos de cada classe abrangida para mais da metade dos créditos de cada classe abrangida. Obtida essa concordância expressiva, com a homologação do acordo em juízo, o plano passa a vincular todos os créditos de cada classe abrangida, de modo compulsório.

11.3 HOMOLOGAÇÃO JUDICIAL

Em qualquer uma das modalidades, há, ao menos, a possibilidade homologação judicial. Para tanto, é essencial que o devedor faça um pedido de homologação, juntando a documentação que prove o preenchimento dos requisitos e o plano de recuperação extrajudicial.

Originalmente, o plano deveria ser acompanhado da prova da concordância de credores que alcançassem o quórum previsto em Lei para sua homologação. Atualmente, com a Lei n. 14.112/2020, o pedido de homologação pode tramitar regularmente, se o devedor conseguir obter a concordância de pelo menos 1/3 dos créditos de cada classe, assumindo ainda um compromisso de conseguir o quórum legal exigido, em até 90 dias. Nesse caso, faculta-se ao devedor requerer a conversão do feito em recuperação judicial, caso seja do seu interesse dentro desses 90 dias.

Feito o pedido com a prova da concordância de pelo menos 1/3 dos créditos de cada classe abrangida, haverá automaticamente a suspensão da prescrição, das execuções e a proibição de atos constritivos sobre o patrimônio do devedor em relação aos credores abrangidos. Essa suspensão (Lei 11.101/2005 – art. 163, § 8º), que não existia antes da Lei n. 14.112/2020, passou a existir automaticamente como um instrumento de facilitação da busca do acordo. Ela dura pelos 180 dias previstos no artigo 6º, § 4º da Lei 11.101/2005 ou até a decisão do juiz sobre o pedido de homologação.

Recebido o pedido, o juiz ratificará a suspensão acima mencionada, e determinará a publicação de um edital dando 30 dias para impugnações. Nas impugnações, os credores podem alegar o não atingimento do quórum exigido por lei para a homologação, a existência de fraude, a configuração de atos de falência e o descumprimento de outras condições legais. Recebida a impugnação, o juiz deve ouvir o devedor em 5 dias, decidindo o pedido, com a homologação do plano ou o indeferimento da homologação. Não há previsão legal de convolação em falência na recuperação extrajudicial.

12
FALÊNCIA

12.1 OBJETIVOS DA FALÊNCIA

A falência é uma liquidação patrimonial forçada de um devedor que passa por uma crise insuperável. Nessa liquidação, o devedor é afastado das suas atividades, apurando-se um conjunto patrimonial (massa falida) que será utilizado para a satisfação dos credores, de acordo com uma ordem legal de preferência. Há uma conjugação dos ativos e dos passivos num único procedimento, para que seja observada a preferência legalmente estabelecida para o pagamento.

Ao promover o afastamento do devedor das suas atividades, a falência busca obter uma otimização os ativos do devedor, tentando obter mais recursos para pagamento das dívidas. Existindo um conjunto de bens corpóreos e incorpóreos organizado, é possível que esse conjunto represente um valor maior, sem o devedor na sua administração. A ideia é dar mais valor aquele conjunto de ativos e satisfazer o maior número possível de credores.

Na busca dessa maximização dos ativos, deve-se providenciar uma liquidação patrimonial rápida, como introduzido pela Lei n. 14.112/2020, pois, quanto mais demorar, maior é a perda de valor do conjunto. Ao se passar esses ativos a outras pessoas, eles voltam a ter uma utilização produtiva viável, gerando muito mais valor do que geraria continuando nas mãos do devedor. Os recursos que inicialmente estavam organizados pelo devedor numa atividade que se mostrou inviável, são realocados com outros agentes econômicos, cumprindo de maneira muito mais eficiente seu destino econômico. A falência é, portanto, um mecanismo que visa a alcançar uma eficiência na utilização dos recursos produtivos.

A celeridade da liquidação não visa apenas a maximização dos valores, mas, também a uma solução rápida da situação do devedor em crise, como introduzido pela Lei 14.112/2020. A falência não é apenas uma forma de satisfação dos interesses dos credores. Ela também serve para dar ao devedor de boa-fé, mas, sem sorte, uma vida limpa no futuro, no campo empresarial. Dá-se a esse devedor uma nova oportunidade de começar a empreender novamente, de forma rápida e eficiente.

12.2 O PROCEDIMENTO DA FALÊNCIA

A falência é uma medida de caráter excepcional que só abrangerá devedores empresários e sociedades empresárias, com a exclusão de algumas atividades (Lei n. 11.101/2005 – art. 2º). Esses sujeitos poderão vir a ter sua falência decretada, nos casos em que se confessar ou se presumir sua insolvência jurídica, isto é, sua incapacidade de pagar pontualmente as obrigações. A insolvência jurídica é uma situação de fato que só se converte em falência se houver uma decretação judicial dessa condição. A verificação desses pressupostos forma a chamada fase pré-falimentar que não foi alterada pela Lei 14.112/2020.

Uma decretada a falência ele vai produzir uma série de efeitos sobre a pessoa do falido, sobre suas obrigações, seus contratos e seus bens. Esses efeitos visam a garantir uma melhor e mais eficiente liquidação dos ativos do devedor, com a observância da ordem de preferência entre os credores. Além desses efeitos automáticos, a sentença que decreta a falência dá origem a uma nova fase do processo que é a fase falimentar propriamente, na qual o processo vai ter as feições de execução coletiva, apurando todos os ativos do devedor, transformando-os em dinheiro em pagando os credores.

Nessa fase falimentar, a Lei n. 14.112/2020 trouxe novidades na desconsideração da personalidade jurídica, na falência frustrada, na realização dos ativos, na ordem de pagamento do passivo e na extinção das obrigações do falido.

12.3 DESCONSIDERAÇÃO DA PERSONALIDADE JURÍDICA NA FALÊNCIA

Na falência, o devedor é considerado falido, juntamente com seus sócios de responsabilidade ilimitada, sofrendo todos os efeitos da falência. A princípio, apenas esses sujeitos têm seu patrimônio atingido para satisfação do conjunto de credores. Assim sendo, sócios de responsabilidade, administradores, controladores e outras sociedades integrantes do mesmo grupo empresarial do falido não têm seu patrimônio atingido, ficando imunes ao procedimento da falência.

No passado, cogitava-se, de modo excepcional, da extensão da falência para essas outras pessoas, considerando-as falidas para todos os efeitos. Com a Lei 14.112/2020, foi inserido o artigo 82-A na Lei 11.101/2005 que a extensão da falência ou de seus efeitos, aos sócios de responsabilidade limitada, aos controladores, as sociedades integrantes do mesmo grupo e aos administradores da sociedade falida. Assim, em tese, esses sujeitos estão protegidos, não sofrendo as consequências da falência.

Ocorre que, o mesmo artigo 82-A da Lei 11.101/2005, ressalvou a possibilidade de desconsideração da personalidade jurídica, ressaltando no seu parágrafo único que essa desconsideração é para fins de responsabilização patrimonial. Desse modo, é possível responsabilizar sócios de responsabilidade limitada, aos controladores, as sociedades integrantes do mesmo grupo e aos administradores da sociedade falida, nos casos em que for admitida a desconsideração da personalidade jurídica. Não se trata de extensão do status de falido, mas, apenas, uma responsabilização patrimonial de terceiros.

A desconsideração da personalidade jurídica é a retirada episódica, momentânea e excepcional da autonomia patrimonial da pessoa jurídica, a fim de estender os efeitos de suas obrigações a terceiros. A ideia é tornar outro sujeito responsável, por uma dívida que é da pessoa jurídica. A essência aqui é de uma extensão apenas de responsabilidade patrimonial, em casos excepcionais. Como já decidiu o STJ "a desconsideração tem efeitos meramente patrimoniais contra o devedor, ao passo que a extensão da falência, além dos efeitos patrimoniais, sujeita o devedor a diversas obrigações de outra natureza, além de diversas restrições de direito"[1].

Para justificar a aplicação da desconsideração da personalidade jurídica, surgiram teorias diferentes. A teoria menor é aquela que se contenta com a simples inadimplência do devedor, para permitir a extensão da responsabilidade a terceiros. O artigo 6º-C da Lei 11.101/2005, introduzido pela Lei 14.112/2020, passou a consignar expressamente que o simples inadimplemento de obrigações do falido não é suficiente para responsabilizar terceiros. Logo, não se pode aplicar a teoria menor no âmbito falimentar.

---

1. STJ – REsp 1293636/GO, Rel. Ministro Paulo De Tarso Sanseverino, Terceira Turma, julgado em 19.08.2014, DJe 08.09.2014.

Afastada a teoria menor, sobra a teoria maior para justificar a aplicação da desconsideração da personalidade jurídica do falido. A aplicação dessa teoria é reforçada pelo parágrafo único do artigo 82-A da Lei 11.101/2005 que faz referência ao artigo 50 do CC. Assim, a desconsideração da personalidade jurídica do falido se aplicará no caso de confusão patrimonial ou desvio de finalidade. Vale dizer, caso haja uma mistura entre o patrimônio do devedor falido e o patrimônio de outra pessoa, será cabível a desconsideração. Do mesmo modo, será aplicável a desconsideração se a pessoa jurídica falida foi utilizada para a prática de atos ilícitos e para lesar credores.

Assim, se a sociedade falida pagou reiteradamente contas de um sócio, de um administrador ou de outra sociedade do grupo, houve confusão patrimonial, autorizando a desconsideração. Do mesmo modo, se a sociedade transferiu ativos ou recebeu passivos dessas outras pessoas, sem a efetiva contrapartida econômica, há confusão é está autorizada a desconsideração da personalidade jurídica do falido. Assim também, toda vez que houver um descumprimento da separação patrimonial entre o devedor e terceiros, haverá a desconsideração. Registre-se, desde já, que a simples existência de um grupo de sociedades não é suficiente para a desconsideração, sendo necessária a demonstração da confusão patrimonial ou do desvio de finalidade.

O desvio de finalidade é uma utilização indevida da pessoa jurídica. A pessoa jurídica é um instrumento legítimo de separação patrimonial para o exercício de atividades econômicas. O uso da pessoa jurídica para fins diversos desses é um desvio de finalidade. Assim, se a pessoa jurídica for utilizada para praticar ilícitos, como o inadimplemento intencional de obrigações, lesando credores, há um desvio de finalidade, apto a justificar a desconsideração da personalidade jurídica. Ressalte-se que, a simples alteração ou expansão da finalidade original da pessoa jurídica não se encaixa no desvio de finalidade, pois, este depende do uso da pessoa jurídica especificamente para lesar credores e praticar ilícitos.

Nos casos de desvio de finalidade ou de confusão patrimonial, será possível a aplicação da desconsideração da personalidade jurídica do falido. Essa desconsideração não pode ser decretada de ofício, dependendo de um pedido de qualquer interessado, como os credores ou o administrador judicial. Esse pedido de desconsideração será autuado e processado como um incidente de desconsideração da personalidade, nos moles previstos nos artigos 133 a 137 do CPC.

O grande detalhe do incidente de desconsideração é a necessidade de oitiva prévia da pessoa a ser atingida, no prazo de 15 dias úteis. A partir daí, segue-se basicamente o procedimento comum do CPC até uma decisão interlocutória do juiz, deferindo ou indeferindo a desconsideração, sujeita a agravo, nos moldes do CPC. Apesar de o procedimento ser o mesmo previsto no CPC para qualquer desconsideração incidente, o artigo 82-A da Lei 11.101/2005 afasta a incidência da suspensão do processo principal (CPC – art. 134, § 3º). Vale dizer, a instauração do incidente de desconsideração não inibe a continuação normal do processo de falência, tendo em vista a própria necessidade de celeridade desse processo.

A desconsideração servirá para estender a responsabilidade, pelas obrigações incluídas na falência, para sócios de responsabilidade, administradores, integrantes do mesmo grupo ou terceiros. Contudo, não são todos que poderá ser alcançados pela desconsideração. Pela remissão expressa ao artigo 50 do CC, só podem ser alcançados aqueles sujeitos que se beneficiaram direta ou indiretamente da confusão patrimonial ou do desvio de finalidade. Apenas aqueles sujeitos que tiveram algum tipo de ganho com o desvio de finalidade ou com a confusão patrimonial é que poderão ser alcançados pela desconsideração no caso concreto. Assim, o simples fato de se tratar de um sócio majoritário não é suficiente para justificar que ele seja alcançado pela desconsideração. Tudo dependerá da demonstração de algum tipo de benefício direto ou indireto.

12.4 FALÊNCIA FRUSTRADA

Apesar de possuir objetivos mais amplos, a falência atua como um processo de execução coletiva e, dessa forma, depende de localização de bens do devedor para alcançar a sua finalidade. Na busca desses bens, compete ao administrador judicial promover a arrecadação de todos os bens do falido. Ocorre que, o administrador judicial nem sempre localiza bens suficientes para a sequência do processo. Por vezes, não se localiza nada ou se localiza bens de valor pouco relevante. Nessas situações, não há sentido no prosseguimento do feito, pois, seu resultado será infrutífero, daí falar-se em falência frustrada.

Diante da arrecadação nula ou insuficiente para os custos do processo, o administrador judicial informará imediatamente esse fato ao juiz que, ouvido o Ministério Público, mandará publicar edital abrindo o prazo de 10 dias, para manifestação dos credores. Nesse prazo, qualquer credor poderá requerer o prosseguimento do feito, desde que deposite os valores necessários para a continuação do processo, inclusive a remuneração do administrador judicial. Feito o depósito o processo continuará regularmente.

Sem o depósito, o administrador judicial deverá vender o mais rápido possível o que foi arrecadado. No caso de bens móveis, o prazo máximo para venda é de 30 dias. No caso de bens imóveis, o prazo máximo para a venda é de 60 dias. Diante dos valores obtidos, o administrador apresentará um relatório sobre o que foi constatado e o que foi feito com os valores obtidos nas vendas. À luz desse relatório, o juiz deverá encerrar a falência, por sentença.

12.5 REALIZAÇÃO DO ATIVO

Havendo arrecadação de bens na falência, esses bens formam a massa falida objetiva que deve ser transformada em dinheiro para pagamento dos credores, de acordo com a ordem legal de preferência. Para essa realização do ativo, o administrador judicial terá o prazo de 60 dias após sua nomeação, para apresentar ao juiz, plano detalhado de realização do ativo. Nesse plano, deve ser indicada inclusive uma estimativa de prazo para a realização do ativo, fixando-se um prazo máximo de 180 dias, contado da juntada de cada auto de arrecadação aos autos (Lei n. 11.101/2005 – art. 99, § 3º).

Com base nesse plano de realização do ativo, devidamente aprovado pelo juiz, é que será realizado o ativo. O artigo 140 da Lei n. 11.101/2005 estabelece uma preferência pela venda dos ativos em conjunto. Sendo possível, deve-se vender os vários estabelecimentos em bloco (alienação da empresa). Não sendo possível, deve-se tentar vender as filiais ou unidades produtivas isoladas separadamente, buscando vender um conjunto de bens capaz de permitir o exercício

12 • FALÊNCIA   109

de uma atividade produtiva. Se também não for possível, passa-se para a venda em bloco dos bens que integram o estabelecimento do devedor e, por último, para a venda de cada ativo isolado.

12.5.1 Leilão

Qualquer que seja a forma de venda escolhida, o artigo 142 da Lei n. 11.101/2005, na redação dada pela Lei n. 14.112/2020, estabelece uma modalidade padrão para a realização do ativo, qual seja, o leilão eletrônico, presencial ou híbrido. Para esse leilão, aplicam-se, no que couber, as regras do CPC. Em síntese, os interessados apresentação seus lances por mecanismos eletrônicos, de viva-voz ou das duas formas, conforme a modalidade escolhida.

Em todo caso, trata-se de uma venda forçada realizado judicialmente. Em razão dessa natureza, o leilão não aguardará a melhora da conjuntura do mercado, realizado no primeiro momento em que for possível. Mesmo que ainda não se tenha um quadro geral de credores consolidado e homologado a venda poderá ser realizada, podendo contar ainda com o apoio de prestadores de serviço, como consultores, corretores e leiloeiros.

No leilão, serão considerados alguns parâmetros para a efetivação da venda. Na primeira chamada, valerá o preço da avaliação, isto é, não serão considerados vencedores lances menores do que o valor da avaliação. Sendo frustrada a primeira chamada, será realizada uma segunda chamada, em até 15 dias após a primeira, sendo considerado vencedor aquele que oferecer o maior lance, desde que seja igual ou superior a 50% do valor da avaliação. Se a segunda chamada também foi frustrada, será realizada uma terceira chamada, em até 15 dias após a segunda, aceitando-se qualquer preço que for obtido. Em última análise, não se aplica o conceito de preço vil nessa alienação.

É possível que mesmo após as 3 chamadas, não haja interessado na aquisição dos ativos da massa falida. Nessa situação, admite-se que os credores apresentem algum tipo de proposta para assumi-los. Não há prazo na lei para a proposta dos credores, devendo ser fixado pelo juiz o prazo. Sem proposta dos credores, os bens poderão ser considerados sem valor de mercado, sendo doados para qualquer interessado. Caso não existam interessados nem para a doação, os bens serão devolvidos ao falido.

12.5.2 Modalidades alternativas

Nem sempre a realização do ativo será realizada por meio de leilão. Também é possível a realização por meio de processo competitivo organizado promovido por agente especializado e de reputação ilibada, cujo procedimento deverá ser detalhado no plano de realização do ativo, na falência.

Podem surgir outras modalidades alternativas, como por exemplo, a adjudicação ou aquisição dos ativos por meio de constituição de sociedade, de fundo ou de outro veículo de investimento, com a participação, se necessária, dos atuais sócios do devedor ou de terceiros, ou mediante conversão de dívida em capital. Nesse caso, a sociedade ou qualquer outro veículo de investimento constituída não responde pelas dívidas do falido. Além disso, os eventuais participantes desse instrumento utilizado para a aquisição poderão sempre transferir suas participações para terceiros, sendo considerada não escrita qualquer cláusula impeditiva de negociação.

A utilização das modalidades alternativas pode decorrer de uma decisão da assembleia geral de credores, observado o quórum de 2/3 (dois terços) dos créditos abrangidos (Lei n. 11.101/2005 – art. 45-A, § 3º). A deliberação da assembleia pode ser substituída por termo de adesão assinado pelos credores que representem o quórum exigido. Salvo alguma ilegalidade, o juiz deve acatar a deliberação da assembleia de credores que fixou a modalidade alternativa de realização do ativo.

Mesmo sem deliberação, o juiz poderá acolher uma modalidade alternativa requerida pelo administrador judicial ou pelo comitê de credores (Lei 11.101/2005 – art. 45-A, § 3º). Nesse caso, haverá um juízo de conveniência e oportunidade, considerando as finalidades do processo de falência e o benefício que essa modalidade trará para o processo.

12.5.3 Impugnações

Qualquer que seja a modalidade adotada, o devedor, os credores ou o Ministério Público poderão apresentar impugnações, no prazo de 48 (quarenta e oito) horas da arrematação. Nessas impugnações, os interesses podem alegar ilegalidades ou desvantagens do procedimento, cabendo ao juiz decidi-las no prazo de 5 dias. O cabimento das impugnações já era admitido no texto original da Lei 11.101/2005, mas, com a Lei 14.112/2020 foram introduzidas certas regras sobre as impugnações.

Caso as impugnações discutam o valor obtido na venda, seu processamento dependerá do preenchimento de certas condições. Em primeiro lugar, o impugnante deverá juntar uma oferta firme própria ou de terceiros para aquisição do bem, por valor superior ao obtido na venda. Essa oferta é vinculativa e obrigará o impugnante ou o terceiro a honrá-la em caso de acolhimento. Além disso, o impugnante ou o terceiro devem oferecer uma caução de pelo menos 10% do valor da oferta realizada. No caso de várias impugnações sobre o valor, terá seguimento apenas a que tiver a maior oferta.

As impugnações são medidas extremas que atrasam a própria realização do ativo, indo contra ao objetivo de uma liquidação rápida dos ativos, para maximização dos valores. Para evitar impugnações infundadas, o artigo 143, § 4º da Lei 11.101/2005, introduzido pela Lei 14.112/2020, passou a considerar as alegações infundadas de vício na realização do ativo equivalentes a atos atentatórios a dignidade da justiça, sujeitando o infrator a responsabilidade por perdas e multa de até 20% do valor da alienação. Esse enquadramento só ocorrerá no caso de uma impugnação tão infundada, que sua apresentação seja considerada uma hipótese de má-fé. Não é razoável punir quem apresentou uma impugnação com algum fundamento, ainda que tal fundamento não seja acolhido.

12.6 PAGAMENTO DO PASSIVO

Realizado o ativo, existirão recursos disponíveis para o pagamento dos credores. Esse pagamento deve ser realizado em uma ordem de preferência, estabelecida pelos artigos 84 e 83 da Lei n. 11.101/2005. Para começar a efetivar os pagamentos, exige-se um quadro geral de credores, ainda provisório, composto pelos créditos não impugnados, acrescidas do julgamento das impugnações tempestivas e pelo julgamento das habilitações retardatárias até o momento. Em cada classe, para começar o rateio, é suficiente que já tenham sido julgadas as impugnações tempestivas dessa classe, observada a eventual reserva de valores.

Pela própria lógica da falência, os créditos serão pagos de acordo com uma ordem de preferência. Com a Lei 14.112/2020, os créditos passaram a ser divididos em dois grandes grupos: os créditos extraconcursais e os créditos concursais. Os primeiros envolvem dívidas assumidas pela massa falida ou pelo devedor em recuperação judicial, posteriormente convolada em falência. Os últimos são os créditos decorrentes da atividade do próprio falido enquanto ele estava na administração dos seus bens, ressalvados aqueles assumidos durante a recuperação judicial. Na ordem, devem ser pagos inicialmente os extraconcursais na ordem prevista no artigo 84 da Lei n. 11.101/2005 e só depois do seu pagamento, haverá o pagamento dos concursais, na ordem do artigo 83 da Lei 11.101/2005.

Em primeiro lugar, devem ser pagos os créditos trabalhistas de natureza exclusivamente salarial, limitados a 5 salários-mínimos por trabalhador, vencidos nos 3 meses anteriores à decretação da falência (Lei n. 11.101/2005 – art. 151). Na sequência, devem ser pagas as despesas antecipadas, cujo pagamento seja necessário para a continuação do processo (Lei 11.101/2005 – art. 150). Esses dois pagamentos iniciais, podem ser chamados de créditos prioritários, justamente por merecerem o pagamento em primeiro lugar (Lei 11.101/2005 – art. 84, I-A). Esses créditos serão pagos com os valores disponíveis em caixa.

Logo depois dos prioritários, entram na ordem de pagamento os financiamentos, com autorização judicial, realizados ao devedor em recuperação judicial, garantidos pela oneração ou pela alienação fiduciária de bens e direitos, seus ou de terceiros, pertencentes ao ativo não circulante, para financiar as suas atividades e as despesas de reestruturação ou de preservação do valor de ativos (Lei 11.101/2005 – art. 84, I-B). A ideia foi incentivar esses financiamentos com essa posição mais privilegiada numa eventual falência do devedor. Sem esse tratamento privilegiado, os financiamentos ficariam mais difíceis e poderiam inviabilizar a recuperação.

Em sequência, entram na ordem de pagamento, os pedidos de restituição em dinheiro (Lei 11.101/2005 – art. 84, I-C). Estão abrangidos aqui, os valores equivalentes aos bens de propriedade de terceiros que foram arrecadados, ou estavam em poder do falido, no momento da decretação da falência, mas, já não mais existe no momento da restituição. Na mesma situação, entra a restituição dos valores gastos por terceiros de boa-fé nos atos declarados objetivamente ineficazes. Também se inserem aqui a restituição dos adiantamentos de contrato de câmbio à exportação. Entram aqui também os valores devidos às Fazendas Públicas, que foram retidos de terceiros e não foram repassados, bem como os valores recebidos pelos agentes arrecadadores e não recolhidos aos cofres públicos. Esses credores são considerados proprietários dos valores e, por isso, também se inserem numa posição privilegiada.

Depois dos créditos acima, se insere a remuneração do administrador judicial e seus auxiliares, bem como os reembolsos de despesas dos membros do comitê de credores. Entram na mesma categoria, entram as remunerações de empregados e créditos decorrentes de acidente de trabalho referentes a serviços prestados após a decretação da falência. Pela natureza salarial, os honorários advocatícios e de outros profissionais liberais também se inserem nessa categoria (Lei n. 11.101/2005 – art. 84, I-D).

A seguir, se inserem os créditos decorrentes de atos válidos praticados pelo devedor durante a recuperação judicial ou praticados depois da falência (Lei 11.101/2005 – art. 84, I-E). A ideia é que ninguém faria negócios jurídicos com o devedor em recuperação judicial ou com a massa falida, sem alguma vantagem. O risco seria alto demais e, sem uma preferência desse tipo, não se conseguiria conduzir a falência ou a própria recuperação judicial, sem esses atos.

Os próximos créditos a serem pagos envolvem as quantias fornecidas pelos credores à massa falida (Lei n. 11.101/2005 – art. 84, II). Por vezes, os credores precisam adiantar valores para que o processo possa prosseguir, ou mesmo para que seja possível a arrecadação de um bem relevante do devedor. Esses valores antecipados pelos credores se inserem na ordem de pagamento nessa posição entre os créditos extraconcursais.

Na sequência, pela mesma lógica, entram as despesas com arrecadação, administração, realização do ativo, distribuição do seu produto e as custas do processo de falência. Em última análise, estamos falando das despesas para continuação do processo em busca do seu resultado útil. Pela lógica de continuação do processo, é que esses créditos entram nessa posição como extraconcursais.

Logo depois, aparecerem as quantias das ações judiciais em que a massa falida seja vencida. Mais uma vez, estamos diante de dívidas decorrente da atuação da massa falida em processos e, por isso, ela é considerada extraconcursal. É importante esclarecer que não entram aqui os honorários advocatícios de sucumbência que, por sua equiparação aos créditos trabalhistas, se inserem juntamente com esses um pouco antes na ordem de pagamento.

Por fim, entre os extraconcursais estão os tributos relativos a fatos geradores ocorridos após a decretação da falência, considerando-se primeiro os tributos federais, na sequência os estaduais e por fim, os municipais. De novo, a ideia é que se trata de uma dívida devida pela massa falida e, por isso, enquadrada como extraconcursais.

Pagos os créditos extraconcursais, devem ser pagos os créditos concursais, de acordo com a ordem do artigo 83 da Lei n. 11.101/2005. Os primeiros créditos a serem pagos dentre os concursais, são os trabalhistas até 150 salários-mínimos por credor e os créditos por acidente de trabalho. São créditos tradicionalmente privilegiados e, por isso, mantidos nessa condição. A Lei 14.112/2020 trouxe pequenas mudanças sem alteração de conteúdo nessa posição do quadro geral de credores. A Lei 14.112/2020 revogou o dispositivo que tirava essa classificação para os créditos cedidos, de modo que cedidos ou não os créditos trabalhistas se inserem nessa posição para fins de pagamento.

Na sequência aparecem os credores com garantia real, até o valor do bem gravado. Nesse tipo de crédito, há a vinculação de um ou alguns pagamentos ao pagamento da dívida. Quando esses bens vinculados forem alienados, identifica-se o valor do bem, definindo o máximo de valor daquele crédito que entrará na categoria das garantias reais.

Logo depois, vêm os créditos tributários com fato gerador anterior à falência, excluídas as multas tributárias. Dentro dessa categoria, haverá o pagamento dos créditos federais em primeiro lugar, depois os estaduais e depois os municipais. Apesar de discutível, essa ordem de pagamento é estabelecido na legislação tributária (CTN – art. 187, p. único), prevalecendo na jurisprudência do Supremo Tribunal Federal a orientação de que essa ordem é legítima.

Em seguida, estavam os créditos com privilégio especial e privilégio geral. Contudo, a Lei 14.112/2020 revogou os incisos que tratavam dessas categorias, incluindo-os nos créditos em classificação especial, isto é, dentre os quirografários. A princípio, todos os créditos sem uma classificação especial entram na categoria dos quirografários. Nessa categoria, também se inserem os créditos trabalhistas na parte que ultrapassar 150 salários-mínimos, os créditos com garantia real, na parte que ultrapasse o valor da garantia.

Após o pagamento dos quirografários, entra as multas contratuais e as multais por infrações a leis penais ou administrativas, inclusive as multas tributárias. Logo depois, vêm os créditos subordinados entendidos como aqueles gravados com uma cláusula de subordinação, como por exemplo, as debêntures subordinadas. Também são considerados subordinados, os créditos dos sócios ou administradores, sem vínculo empregatício, desde que sua contratação não seja realizada em condições normais de mercado, para aquele tipo de negócio. Vale dizer, os créditos de sócios ou administradores que decorram de contratos firmados, dentro das condições normais de mercado, manterão a classificação normal do negócio, não importando que o credor seja sócio ou administrador. Sendo possível o pagamento de todos os credores acima, entram no fim os juros posteriores à falência, cuja exigibilidade ficou suspensa.

QUADRO RESUMIDO DA ORDEM DE PAGAMENTOS

Posição	Classificação do crédito
1	Créditos trabalhistas de natureza estritamente salarial vencidos nos 3 (três) meses anteriores à decretação da falência, até o limite de 5 (cinco) salários-mínimos por trabalhador (art. 151)
2	As despesas cujo pagamento antecipado seja indispensável à administração da falência, inclusive na hipótese de continuação provisória das atividades (art. 150)
3	Os valores efetivamente entregue ao devedor em recuperação judicial pelo financiador (arts. 69-A a 69-F)
4	Restituições em dinheiro (art. 86)
5	Remunerações devidas ao administrador judicial e seus auxiliares e créditos derivados da legislação do trabalho ou decorrentes de acidentes de trabalho relativos a serviços prestados após a decretação da falência (art. 84, I-D)
6	às obrigações resultantes de atos jurídicos válidos praticados durante a recuperação judicial (art. 67), ou após a decretação da falência (art. 84, I-E)
7	Quantias fornecidas à massa pelos credores (art. 84, II)

Posição	Classificação do crédito
8	Despesas com arrecadação, administração, realização do ativo e distribuição do seu produto, bem como custas do processo de falência (art. 84, III)
9	Custas judiciais relativas às ações e execuções em que a massa falida tenha sido vencida (art. 84, IV)
10	Tributos relativos a fatos geradores ocorridos após a decretação da falência (art. 84, V)
11	Créditos derivados da legislação do trabalho, limitados a 150 (cento e cinquenta) salá-rios-mínimos por credor, e os decorrentes de acidentes de trabalho (art. 83, I)
12	Créditos com garantia real até o limite do valor do bem gravado (art. 83, II)
13	Créditos tributários, independentemente da sua natureza e tempo de constituição, excetuadas as multas tributárias (art. 83, III)
14	Créditos quirografários (art. 83, VI)
15	Multas (art. 83, VII)
16	Subordinados (art. 83, VIII)
17	Juros posteriores à decretação da falência, excetuados os juros das debêntures e das obrigações com garantia real até o limite do valor da garantia (art. 124)

12.7 ENCERRAMENTO DA FALÊNCIA

Realizado o ativo, o administrador judicial efetuará os pagamentos de acordo com a ordem legal de preferência. Na falência, serão pagos na ordem os créditos que sejam cobertos pelo produto da realização do ativo, efetuando-se, eventualmente, rateios entre os credores da classe, se não houver recursos suficientes para honrar o valor integral. Feitos os pagamentos que se mostraram possíveis, diante do que foi obtido, não há mais motivo para a falência prosseguir.

Para a falência ser encerrada, exige-se, inicialmente, que o administrador preste contas em autos apartados, no prazo de 30 dias, após o último pagamento. Julgadas boas as contas do administrador judicial, ele apresentará um relatório final descrevendo tudo o que ocorreu no processo. À luz desse relatório, o juiz encerrará a falência por sentença, na qual serão intimadas as fazendas públicas dos locais em que o devedor tiver estabelecimento e será determinada a baixa do CNPJ do devedor, nos termos do artigo 156 da Lei 11.101/2005, na redação dada pela Lei 14.112/2020. Da sentença cabe apelação.

Como o CNPJ é um simples cadastro fiscal, não sendo o responsável pela atribuição de personalidade jurídica ao devedor, acreditamos que o encerramento da falência não significará automaticamente o encerramento das atividades do devedor. Caberá ao próprio devedor decidir, se retoma as atividades ou se efetiva sua baixa perante a junta comercial. Só com a baixa pode-se dizer que o devedor está extinto juridicamente.

12.8 EXTINÇÃO DAS OBRIGAÇÕES

No regime original da Lei n. 11.101/2005, a extinção das obrigações se inseria em uma fase pós-falimentar do processo, normalmente um prazo após a sentença de encerramento da falência. Com a Lei n. 14.112/2020, tenta-se mudar o regime e permitir uma rápida recolocação do devedor no mercado, uma espécie de "fresh start" brasileiro. Opta-se, politicamente, por garantir ao devedor uma mais rápida liberação das responsabilidades pelas dívidas abrangidas pela recuperação judicial, assegurando-lhe uma nova oportunidade de empreender.

A liberação pelas dívidas abrangidas pela falência está prevista no artigo 158 da Lei n. 11.101/2005 que foi bem alterado pela Lei 14.112/2020.

Manteve-se a extinção das obrigações pelo pagamento de todas as obrigações na falência (Lei 11.101/2005 – art. 158, I), pois, o pagamento é uma causa de extinção por si, seja o devedor falido ou não. Por pagamento, deve-se entender todas as hipóteses gerais de extinção das obrigações, por qualquer dos meios previstos pela legislação comum.

Também foi mantida a previsão da extinção das obrigações pelo rateio aos quirografários (Lei 11.101/2005 – art. 158, II), mas, alterou-se o percentual considerado suficiente para a extinção das obrigações. Atualmente, é suficiente que haja o pagamento de 25% dos créditos quirografários para que as obrigações do falido sejam extintas, permitindo-se ainda depósitos pelo falido para completar esse percentual. O pagamento desses 25% aos quirografários significa um pagamento de todas as classes que estiverem acima.

Não há mais a previsão de decurso de prazo o encerramento da falência. Com a Lei 14.112/2020, prevê-se a extinção das obrigações pelo decurso do prazo de 3 anos após a decretação da falência (Lei 11.101/2005 – art. 158, V). Essa hipótese, porém, não libera os bens que já foram arrecadados, os quais continuarão destinados ao pagamento dos credores habilitados ou com pedido de reserva de valor realizados.

Além disso, ficou prevista a extinção das obrigações pelo simples encerramento da falência, seja numa falência frustrada, seja numa falência com apuração de ativos (Lei 11.101/2005 – art. 158, VI). Nesses casos, os ativos apurados serão realizados e destinados ao pagamento dos credores, sendo que o encerramento da falência só ocorrerá depois de realizado o último pagamento. Assim sendo, os credores não terão prejuízo, pois já terão recebido tudo o que conseguiriam receber mesmo, não havendo motivo para se manter as obrigações. Em razão da extinção das obrigações pelo encerramento do processo, não há mais a previsão legal de retomada da prescrição e das execuções contra o devedor, uma vez que a dívida será extinta.

Ocorrendo qualquer das hipóteses de extinção das obrigações, o falido deve requerer ao juiz que declare extintas suas obrigações. Foi revogada a previsão de que esse pedido será autuado separadamente, o que levaria a crer que esse pedido será dirigido ao juiz da falência nos próprios autos da falência. Ocorre que foi mantido o artigo 159, § 6º que continua falando em autos diferentes ao se referir à sua juntada aos autos da falência. Assim, acredita-se que foi mantida a necessidade de uma ação separada para essa finalidade.

Recebido o pedido, a secretaria do juízo publicará informação sobre a apresentação do requerimento, dando 5 dias para que credores, administrador judicial e Ministério Público possam apontar qualquer inconsistência formal ou objetiva, como o não preenchimento das condições legais. Após o decurso do prazo para manifestações, o juiz deverá decidir o pedido em 15 dias, por sentença que será comunicada a todos os que receberam a comunicação da falência. Da sentença cabe apelação.

A sentença que julga extintas as obrigações, uma vez transitada em julgado, só poderá ser rescindida por ação rescisória, ajuizada no prazo decadencial de 2 anos após o trânsito em julgado. A grande novidade é que essa rescisória só poderá ser ajuizada por credores que demonstrem que o devedor sonegou bens, direitos ou rendimentos de qualquer espécie anteriores à data do requerimento de extinção das obrigações. Assim, a extinção das obrigações não se sujeita às hipóteses comum de cabimento da ação rescisória, limitando-se a essa hipótese de sonegação de ativos pelo devedor.

13
INSOLVÊNCIA TRANSNACIONAL

Desde o início da década de 80[1], surgiram inúmeras iniciativas de entidades supranacionais, de organizações profissionais ou mesmo de entidades internacionais na busca de normas que tratem da insolvência transfronteiriça. O Brasil não tratava do tema, até o surgimento da Lei n. 14.112/2020 que incorporou na Lei 11.101/2005, com pequenas mudanças, a Lei Modelo da UNCITRAL sobre insolvências transnacionais, nos artigos 167-A a 167-Y.

13.1 TEORIAS SOBRE O TRATAMENTO DA INSOLVÊNCIA TRANSNACIONAL

A atividade empresarial nunca ficou restrita às fronteiras de um país, vale dizer, é muito comum a atuação de agentes econômicos além dessas fronteiras. Essa atuação transnacional dá margem a alguns problemas em termos de aplicação da legislação de cada país. Essa situação gera dúvidas e inseguranças para os agentes econômicos, inclusive, aumentando os custos de transação da sua atuação.

Na insolvência, a situação não é diferente. Embora os processos que lidam com a insolvência de um devedor tenham nomes variados, a essência é bem parecida. Há alguns procedimentos de tentativa de superação da crise e outros procedimentos de liquidação patrimonial forçada para os casos de crise insuperável. Apesar dessas semelhanças, o tratamento da insolvência de agentes com atuação transnacional variou muito, surgindo várias teorias para criar uma forma de lidar com essas crises, quais sejam: o territorialismo; o universalismo; o territorialismo cooperativo; o procedimentalismo universal; e o universalismo modificado.

Pela teoria do territorialismo, existirão vários processos de insolvência para cada devedor insolvente, quantos forem os países em que ele possui ativos[2]. Vale dizer, cada país terá seu juiz como competente para decidir sobre os ativos localizados no seu território. Não se admite que o processo de um país produza efeitos em outro país. Antes da Lei n. 14.112/2020, essa era a teoria acolhida pelo STJ, ao afirmar que é "incabível a homologação de sentença estrangeira

---

1. HALLIDAY, Terence C.; CARRUTHER, Bruce G. *Bankrupt*: global lawmaking and systemic financial crisis. Stanford: Stanford University Press, 2009, p. 114-115.
2. MOUSTAIRA, Elina. *International insolvency law*. Cham: Springer, 2019, p. 11.

para os fins pretendidos pelo requerente, uma vez que a declaração de falência é de competência exclusiva da justiça brasileira, sob pena de ofensa à soberania nacional e à ordem pública"[3].

De outro lado, no universalismo haverá um único processo de insolvência para cada devedor, ainda que seus ativos sejam localizados em países diferentes. Um único juízo de um país trará suas regras para conduzir a insolvência daquele devedor, atraindo os bens e os credores localizados em qualquer parte do mundo[4]. Para que tal teoria funcionasse seria necessário que os vários países reconhecessem essa jurisdição única, o que é praticamente inviável[5].

O territorialismo cooperativo mantém uma pluralidade de processos, mas admite que credores estrangeiros e credores locais concorram sobre os ativos do mesmo devedor insolvente, sendo possível inclusive uma prioridade para os credores locais. Já o procedimentalismo universal deixa a administração da insolvência num processo central, mas admite a divisão de ativos entre jurisdições locais, com as respectivas regras de pagamento[6].

Por fim, o universalismo modificado propõe uma convivência entre um processo principal e processos não principais, com mecanismos de cooperação entre as cortes[7]. Nesse caminho, está a Lei Modelo da UNCITRAL que contém normas facilmente adaptáveis à legislação interna de cada país, visando a uma maior eficácia os casos de insolvência transnacional[8], incorporada nos artigos 167-A a 167-Y da Lei n. 11.101/2005, inseridos pela Lei 14.112/2020. As-

---

3. STJ – SEC 1.734/PT, Rel. Ministro Fernando Gonçalves, Rel. p/ Acórdão Ministro Felix Fischer, Corte Especial, julgado em 15.09.2010, DJe 16.02.2011.
4. MOUSTAIRA, Elina. *International insolvency law*. Cham: Springer, 2019, p. 11.
5. HANNAN, Neil. *Cross-Border Insolvency*: the enactment and interpretation of the UNCITRAL Model Law. Australia: Springer, 2017, p. 2.
6. WESTBROOK, Jay L., A Comment on Universal Proceduralism (March 2010). Columbia Journal of Transnational Law, Forthcoming, U of Texas Law, Law and Econ Research Paper N. 183, Available at SSRN: https://ssrn.com/abstract=1593108. Acesso em: 03 jan. 2021.
7. HANNAN, Neil. *Cross-Border Insolvency*: the enactment and interpretation of the UNCITRAL Model Law. Australia: Springer, 2017, p. 2.
8. ARNOLDI, Paulo Roberto Colombo. *Direito Concursal Internacional: Análise e comparação dos princípios da legislação Colombiana e Brasileira* Disponível em: http://www.udem.edu.co/NR/rdonlyres/5853484F-7CDF-40C4-BAAB-4D5831582993/0/PAULOCOLOMBO.pdf. Acesso em: 03 jan. 2021.

13 • INSOLVÊNCIA TRANSNACIONAL | **123**

sim, no modelo brasileiro, teremos a convivência entre processos de insolvência, com a cooperação e assistência entre os juízes.

Serão aplicadas as regras desse capítulo da Lei 11.101/2005, nos de assistência requeridas em outro país, seja por uma autoridade estrangeira, seja pelo representante do processo. A mesma ideia vale quando uma autoridade ou representante do processo brasileiro pede assistência em outro país, relacionada aos processos de insolvência locais. Também haverá essa aplicação, nos casos de convivência entre um processo estrangeiro e um processo brasileiro de insolvência. Por fim, aplica-se esse capítulo se credores ou outras partes interessadas, de outro país, tem interesses em participar ou requerer a abertura de um processo de falência, recuperação judicial ou extrajudicial aqui no Brasil.

13.2 PROCESSO ESTRANGEIRO DE INSOLVÊNCIA

Há uma insolvência transnacional quando existe em determinado país um processo estrangeiro de insolvência e o devedor desse processo possui bens ou estabelecimentos em outros países. Apesar de diferenças terminológicas, qualquer processo judicial ou administrativo de caráter coletivo que tem por objetivo tratar da insolvência do devedor, seja promovendo sua reorganização, seja promovendo sua liquidação, será considerado um processo de insolvência. Se tal processo foi iniciado em outro país ele será considerado um processo estrangeiro de insolvência. Entram nessa ideia, processos de falência, de recuperação judicial ou extrajudicial, liquidações e intervenções extrajudiciais, bem como os regimes especiais para certas atividades.

A depender da atuação do devedor, o processo estrangeiro pode ser considerado principal ou não principal. Considera-se principal o processo iniciado no centro de interesses principais do devedor. Fábio Ulhoa Coelho afirma que "O centro de interesses principais (CIP) é conceito muito próximo ao de "principal estabelecimento": é o local em que se encontra a direção administrativa da empresa, o polo do qual partem decisões a serem observadas numa, nalgumas ou em todas as unidades em que ela se desdobra, no mundo todo"[9].

---

9. COELHO, Fábio Ulhoa. *Comentários à Lei de Falências e de Recuperação de Empresas.* 4. ed. São Paulo: Thomson Reuters Brasil, 2021, comentários ao artigo 167-J.

Salvo prova em contrário, o juiz presumirá como centro de interesses principais do devedor, o domicílio da pessoa física e a sede estatutária da pessoa jurídica (Lei 11.101/2005 – art. 167 – I). Assim, se o devedor pessoa jurídica possui sede estatutária nos Estados Unidos e possui apenas estabelecimentos no Brasil, sem uma sede, o processo principal será aquele dos Estados Unidos.

Naturalmente, qualquer processo de insolvência aberto em um país que não seja o centro de interesses principais do devedor será considerado um processo não principal. Também será considerado não principal aquele processo em que o centro de interesses principais do devedor tiver sido transferido ou de outra forma manipulado com o objetivo de transferir para outro Estado a competência jurisdicional para abertura do processo

Seja principal ou não principal, todo processo de insolvência estrangeiro terá um representante, de acordo com as leis do país do processo. Nos processos de reorganização, geralmente o representante é o próprio devedor. Já nos processos de liquidação, o representante é o equivalente ao nosso administrador judicial, sendo fundamento que tenha a competência para administrar os bens ou as atividades do devedor. Esse representante do processo estrangeiro terá a competência geral de buscar as medidas de cooperação e assistência da insolvência previstas para o regime da insolvência transnacional no exterior. A mesma ideia se aplicará aos processos brasileiros permitindo-se ao representante brasileiro a atuação nos demais países, nos quais o devedor tiver ativos ou estabelecimentos em funcionamento.

13.3 ATUAÇÃO DO REPRESENTANTE DO PROCESSO ESTRANGEIRO

O representante do processo estrangeiro poderá atuar aqui no Brasil, caso existam ativos ou estabelecimentos em funcionamento no país. O estabelecimento aqui deve ser entendido como "qualquer local de operações em que o devedor desenvolva uma atividade econômica não transitória com o emprego de recursos humanos e de bens ou serviços" (Lei n. 11.101/2005 – art. 167-B, VI). O importante é que a atividade econômica não seja transitória, tendo um caráter de permanência.

A atuação desse representante pode se dar por meio de um pedido do reconhecimento do processo estrangeiro aqui no Brasil ou por meio de cooperação ou assistência direta ou indireta.

13.3.1 Cooperação direta e indireta com autoridades e representantes estrangeiros

A cooperação relacionada aos processos de insolvência é direta[10], no sentido de não depender de qualquer tribunal superior ou órgão diplomático e ocorrerá caso uma autoridade estrangeira ou um representante estrangeiro solicita assistência no Brasil para um processo estrangeiro. A Lei n. 11.101/2005 traz uma disciplina das medidas de cooperação do juiz brasileiro com as autoridades ou representantes estrangeiros (artigos 167-P e 167-Q).

Há uma cooperação direta quando um juiz estrangeiro de um processo de insolvência faz comunicações ou pede informações ao juiz de outro país, sem intermediários. A ideia é buscar uma agilidade nessas medidas de cooperação.

De modo muito similar, estão as medidas de cooperação indireta. A diferença é que quem realiza as comunicações ou coopera diretamente é o administrador judicial, sendo apena sujeito à supervisão judicial. Também nesses casos, o que se busca é uma celeridade nas medidas de cooperação entre as jurisdições envolvidas no caso.

Qualquer que seja o modo de efetivação, a cooperação se dará por meio das mais várias medidas, sendo mais comuns a prestação de informações sobre o andamento do processo e a localização de ativos do devedor. Dentro da mesma lógica, pode haver uma coordenação e supervisão conjunta das atividades e dos bens do devedor, assegurando-se nas várias jurisdições envolvidas, informações mais completas sobre o real andamento das atividades do devedor.

Nessa lógica, nos processos de liquidação forçada como a falência, o juízo nacional prestará todas as informações que julgar úteis para a cooperação e assistência do processo estrangeiro, como por exemplo, a lista dos ativos apurados e dos credores já identificados no país, com as respectivas classificações, bem como toda a sequência do processo.

---

10. COELHO, Fábio Ulhoa. *Comentários à lei de falências e recuperação de empresas*. 4. ed. São Paulo: Thomson Reuters Brasil, 2021, e-book, item 487.

13.3.2 Reconhecimento do processo estrangeiro

Além das medidas gerais de cooperação e assistência, é possível que o representante do processo estrangeiro requeira ao juiz nacional o reconhecimento do processo estrangeiro no país. Esse reconhecido será requerido ao juízo nacional que seria competente para os processos da Lei 11.101/2005, isto é, ao juízo da filial do devedor estabelecida no país ou do principal estabelecimento.

O pedido de reconhecimento do processo estrangeiro será uma ação autônoma, com necessidade de advogado, distribuição e recolhimento de custas. Haverá uma petição inicial que deve ser acompanhada pelos documentos essenciais à demonstração da existência do processo estrangeiro. Os documentos essenciais são listados no artigo 167-H, § 1º da Lei n. 11.101/2005:

a) cópia apostilada da decisão que determine a abertura do processo estrangeiro e nomeie o representante estrangeiro;

b) certidão apostilada expedida pela autoridade estrangeira que ateste a existência do processo estrangeiro e a nomeação do representante estrangeiro; ou

c) qualquer outro documento emitido por autoridade estrangeira que permita ao juiz atingir plena convicção da existência do processo estrangeiro e da identificação do representante estrangeiro.

Além desses documentos, exige-se uma relação de todos os processos envolvendo o devedor estrangeiro, conhecidos pelo representante estrangeiro (Lei n. 11.101/2005 – art. 167-H, § 2º). Todos os documentos devem ser acompanhando de tradução oficial para a língua portuguesa. A tradução oficial pode ser dispensada, sendo substituída por tradução simples, por decisão judicial, mediante requerimento do advogado atestando a fidelidade da tradução simples.

O Ministério Público intervirá nos processos de reconhecimento. Pode ainda o juiz conceder tutelas de urgência, enquanto o processo tramita, caso se convença dos requisitos para sua concessão de tutela de urgência que perdura, em regra, até o julgamento do pedido de reconhecimento.

O reconhecimento ou não processo estrangeiro dependerá apenas da verificação da existência do processo e da legitimidade do representante, considerando-se a documentação juntada. Qualquer irregularidade sanável autoriza o juiz a determinar a emenda da petição inicial. Salvo em casos de ofensa à ordem pública, o juiz deverá reconhecer o processo estrangeiro como principal ou não principal, se presentes os requisitos acima indicados. Da decisão que concede o reconhecimento cabe agravo. Da decisão que denegar o reconhecimento cabe apelação. Com ou sem recurso, a decisão de reconhecimento possui um caráter de provisoriedade, podendo ser alteradas, a qualquer momento, diante da prova do não cumprimento dos requisitos ou da perda superveniente deles (ex.: extinção do processo estrangeiro).

13.4 EFEITOS DO RECONHECIMENTO DO PROCESSO ESTRANGEIRO

Diante da decisão que reconhecer o processo o processo estrangeiro, serão produzidos alguns efeitos no território brasileiro, para garantir o bom funcionamento da cooperação internacional. Algumas dessas medidas podem ser concedidas em caráter provisório, como tutelas de urgência ou de evidência, com a finalidade de asseguração a proteção da massa falida ou para a eficiência da administração do processo.

Como nos processos nacionais para lidar com a insolvência, o reconhecimento do processo estrangeiro tem como efeito a suspensão das execuções, da prescrição e de quaisquer outras medidas individualmente tomadas por credores relativas ao patrimônio do devedor, obedecidas as condicionantes da Lei n. 11.101/2005. A ideia aqui é evitar que medidas tomadas pelos credores atrapalhem o processo de reorganização ou de liquidação do devedor. Assim como no sistema nacional, tais medidas não afetarão ações de conhecimento, nem ações de créditos não sujeitos aos processos de insolvência, conforme o caso.

Dentro da mesma lógica, o reconhecimento do processo estrangeiro impede que o devedor onere ou disponha sobre os bens do seu ativo não circulante, sem autorização judicial. Qualquer ato de oneração ou de disposição sobre esses bens, sem autorização judicial, será considerado ineficaz. A ideia aqui é proteger o patrimônio do devedor de atos desesperados ou não vantajosos praticados num momento de crise.

Esses dois primeiros efeitos, não serão produzidos se já existia um processo brasileiro, quando do pedido de reconhecimento do processo estrangeiro. Se o processo brasileiro concorrente só começar a existir depois do reconhecimento do processo estrangeiro, os efeitos devem ser modificados ou cessados, se incompatíveis com as regras do processo brasileiro.

Além dos efeitos acima que, em regra, são produzidos automaticamente em razão do reconhecimento do processo estrangeiros. Existem alguns outros efeitos que não são automáticos dependendo de decretação judicial específica. Para esses efeitos não automáticos, se já existir um processo no Brasil na época do pedido de reconhecimento, essas medidas não automáticas devem ser compatíveis com o processo brasileiros. De outro lado, se o processo brasileiro só passar a existir depois do reconhecimento, essas medidas não automáticas deverão ser reavaliadas, de acordo com a compatibilidade com o processo brasileiro.

A restrição dos poderes de disponibilidade e oneração do devedor pode ser ampliada e alcançar todos os seus bens e não apenas aqueles do ativo não circulante. A ampliação da restrição dependerá de requerimento específico feito pelo representante do processo estrangeiro, cabendo ao juiz analisar essa possibilidade, à luz dos interesses dos credores, do devedor e de terceiros interessados. Sendo o caso de um processo estrangeiro não-principal, o juiz nacional deve ter o cuidado de identificar quais bens estarão submetidos a esse processo estrangeiro, limitando a restrição, se for o caso, a esses bens específicos.

Também mediante requerimento, o juiz pode atribuir ao representante estrangeiro a função de administração ou realização do ativo do devedor, total ou parcialmente. Nessa lógica, é possível ainda que o juiz assegure ao representante estrangeiro o poder de dar a destinação aos bens do devedor, resguardando os interesses dos credores domiciliados ou estabelecidos no Brasil. Assim como no caso da restrição de disponibilidade, o juiz deve identificar os bens que estarão sujeitos ao processo estrangeiro não-principal, limitando sua decisão a esses bens.

Ainda é possível que o juiz determine a produção de provas ou o fornecimento de informações aqui no Brasil sobre ativos, passivos

13 • INSOLVÊNCIA TRANSNACIONAL **129**

e sobre o próprio negócio conduzido pelo devedor. Essas provas podem ser úteis para diversas medidas de responsabilização ou não do devedor, de seus sócios ou administradores.

Depois do reconhecimento do processo estrangeiro, o representante estrangeiro poderá ajuizar ações com objetivo de declarar a ineficácia de atos praticados pelo devedor aqui no Brasil, de acordo com as hipóteses previstas nos artigos 129 e 130 da Lei n. 11.101/2005. Mais uma vez, se o processo estrangeiro foi reconhecido como não principal, essas medidas de declaração de ineficácia devem ser limitadas aos bens sujeitos a esse processo.

Além do já exposto, o reconhecimento de um processo estrangeiro principal no Brasil faz presumir a insolvência do devedor no país. Diante dessa presunção, o representante estrangeiro, o devedor ou seus credores podem requerer a falência do devedor no Brasil, obedecidas as regras da Lei 11.101/2005.

13.5 PROCESSO CONCORRENTE NO BRASIL

A partir do reconhecimento do processo estrangeiro, se existirem bens ou estabelecimentos no país, nada impede que surja um processo nacional, concorrente ao processo estrangeiro. Existirão dois processos concorrentes, um no Brasil de falência, recuperação judicial ou extrajudicial e outro no exterior para tratar da insolvência do mesmo devedor.

A princípio, cada processo concorrente tratará dos bens e ativos localizados no seu território, até por uma questão de execução prática do processo. Eventualmente, é possível que a jurisdição de algum dos processos se estenda a bens não localizados no seu território, se isso for necessário para alcançar o resultado útil da cooperação e coordenação dos processos de insolvência.

Caso os processos concorrentes sejam relativos à falência do devedor, todos os ativos arrecadados serão destinados a satisfação dos credores em todos os processos de insolvência estrangeiros. Assim, os ativos do devedor serão destinados ao pagamento dos credores no processo nacional e nos processos estrangeiros equivalentes. Por isso, eventuais ativos só serão devolvidos ao devedor, se não houver mais nenhum credor a ser pago em nenhum dos processos concorrentes. Para alcançar esse resultado, o processo reconhecido como principal só poderá ser extinto depois que os processos não principais também forem extintos, ou quando já se tiver a convicção de que não existirão ativos remanescentes nesses processos não principais.

O processo brasileiro, normalmente, se limitará a tratar dos bens e do estabelecimento do devedor localizados no Brasil. Eventualmente, a atuação do juízo brasileiro pode se estender a bens ou estabelecimentos localizados, desde que se trate de medida necessária para a cooperação e a coordenação com o processo estrangeiro. O essencial é que não haja uma sobreposição de atuações jurisdicionais, sempre tendo em vista o fim último da regulação da insolvência transnacional que é a cooperação e coordenação das atuações.

Dentro dessa linha de pensamento, são estabelecidos alguns parâmetros.

Assim, se o processo no Brasil surgiu antes do pedido de reconhecimento, as medidas de assistência devem ser compatíveis com o processo brasileiro. Além disso, não se aplicarão ao processo estrangeiro reconhecido como principal, as medidas automáticas de assistência: suspensão de execuções, de prescrição, de medidas constritivas; e as restrições sobre disponibilidade e oneração de bens do ativo não circulante (Lei 11.101/2005 – art. 167-M).

De outro lado, se o processo brasileiro for posterior ao reconhecimento do processo estrangeiro, as medidas de assistência não automáticas já concedidas devem ser revistas pelo juiz, o que é perfeitamente admissível, tendo em vista o caráter essencialmente precário dessas medidas de assistência, que podem ser revistas a qualquer tempo. Já as medidas de assistência automáticas, essas serão modificadas ou cessadas, de acordo com sua compatibilidade com o processo brasileiro, à luz da Lei 11.101/2005. O representante estrangeiro também está autorizado a participar do processo de recuperação judicial, de recuperação extrajudicial ou de falência do mesmo devedor, em curso no Brasil; e intervir em qualquer processo em que o devedor seja parte, atendidas as exigências do direito brasileiro.

13.6 CREDORES ESTRANGEIROS E SEU TRAMENTO

Existindo algum processo de insolvência no Brasil, os credores estrangeiros terão o mesmo tratamento dos credores brasileiros, inclusive no que diz respeito à sua classificação (Lei 11.101/2005 – art. 167-G), com pequenos ajustes. Os créditos estrangeiros de natureza tributária e previdenciária não serão classificados no Brasil como créditos fiscais, sendo encaixados como créditos subordinados na falência, não participando da recuperação judicial ou extrajudicial. Do mesmo modo, as penas pecuniárias por infração de leis penais ou administrativas. Além disso, o crédito devido ao representante estrangeiro, salvo quando ele for o próprio devedor ou seu representante, é equiparado ao crédito do administrador judicial, qualificando-se como extraconcursal (Lei 11.101/2005 – art. 84, I-D).

Para assegurar uma isonomia de tratamento, o juiz deve determinar a adoção de medidas para que os credores, domiciliados fora do país e que não possuam estabelecimento aqui, tenham acesso às informações completas sobre os processos de insolvência em trâmite no país. Assim sendo, devem ser criados instrumentos de comunicação, utilizando-se dos instrumentos de cooperação e coordenação dos processos.

O credor, que tiver recebido parcialmente no exterior, não poderá receber no Brasil, enquanto os credores da mesma classe não tiverem recebido a mesma proporção. Assim, se um crédito estrangeiro quirografário recebeu 50% do valor no processo estrangeiro, esse crédito só será pago no Brasil, se os créditos brasileiros equivalentes (ex.: quirografários) já tiverem recebido os mesmos 50%.

REFERÊNCIAS

ALMEIDA, Amador Paes de. *Curso de falência e recuperação de empresa*. 21. ed. São Paulo: Saraiva, 2005.

ALTEMANI, Renato Lisboa; SILVA, Ricardo Alexandre da. *Manual de verificação e habilitação de créditos na lei de falências e recuperação de empresas*. São Paulo: Quartier Latin, 2006.

ARNOLDI, Paulo Roberto Colombo. *Direito Concursal Internacional: Análise e comparação dos princípios da legislação Colombiana e Brasileira* Disponível em: http://www.udem.edu.co/NR/rdonlyres/5853484F-7CDF-40C4-BA-AB-4D5831582993/0/PAULOCOLOMBO.pdf. Acesso em: 03 jan. 2021.

CAMPANA, Paulo Fernando. *Falência Transnacional*. GEP – Grupo de Estudos Preparatórios do Congresso de Direito. Disponível em: www.congresso-direitocomercial.org.br/site/images/stories/pdfs/gep6.pdf. Acesso em: 07 jan. 2021.

CAMPINHO, Sérgio. *Falência e recuperação de empresa*: o novo regime de insolvência empresarial. Rio de Janeiro: Renovar, 2006.

CAMPOS BATALHA, Wilson de Souza; RODRIGUES NETTO, Nelson; RODRIGUES NETTO, Sílvia Maria Labate Batalha. *Comentários à Lei de recuperação judicial de empresas e falência*. 4. ed. São Paulo: LTr, 2007.

CARVALHO FILHO, José dos Santos. *Manual de Direito Administrativo*. 22. ed. Rio de Janeiro: Lumen Juris, 2009.

COELHO, Fábio Ulhoa. *Comentários à Lei de Falências e de Recuperação de Empresas*. 4. ed. São Paulo: Thomson Reuters Brasil, 2021

CUNHA, Leonardo José Carneiro da. *A Fazenda Pública em Juízo*. 7. ed. São Paulo: Dialética, 2009.

DE LUCCA, Newton; SIMÃO FILHO, Adalberto (Coord.). *Comentários à nova lei de recuperação de empresas e de falências*. São Paulo: Quartier Latin, 2005.

FAZZIO JÚNIOR, Waldo. *Nova lei de falência e recuperação de empresas*. São Paulo: Atlas, 2005.

GILBERT, J. Stephen. Substantive consolidation in Bankruptcy: A primer. *Vanderbilt Law Review*, v. 43, issue 1, p. 207-243, jan-1990.

HALLIDAY, Terence C.; CARRUTHER, Bruce G. *Bankrupt*: global lawmaking and systemic financial crisis. Stanford: Stanford University Press, 2009.

HANNAN, Neil. *Cross-Border Insolvency*: the enactment and interpretation of the UNCITRAL Model Law. Australia: Springer, 2017.

LOBATO, Moacyr. *Falência e recuperação*. Belo Horizonte: Del Rey, 2007.

LOBO, Jorge. *Direito concursal*. 2. ed. Rio de Janeiro: Forense, 1998.

MACHADO, Rubens Approbato (Coord.). *Comentários à lei de falências e recuperação de empresas*. São Paulo: Quartier Latin, 2005.

MOUSTAIRA, Elina. *International insolvency law*. Cham: Springer, 2019.

NEGRÃO, Ricardo. *Manual de direito comercial e de empresa*. 2. ed. São Paulo: Saraiva, 2007. v. 3.

PACHECO, José da Silva. *Processo de recuperação judicial, extrajudicial e falência*. 2. ed. Rio de Janeiro: Forense, 2007.

PAIVA, Luiz Fernando Valente de (Coord.). *Direito falimentar e a nova lei de falências e recuperação de empresas*. São Paulo: Quartier Latin, 2005.

PERIN JÚNIOR, Écio. *Curso de direito falimentar e recuperação de empresas*. 3. ed. São Paulo: Método, 2006.

RESTREPO, Cláudia. A Pro Debtor and Majority Approach to the "Automatic Stay" Provision of the Bankruptcy Code-In re Cowen Incorrectly Decided. Boston College Law Review, v. 59, issue 9, (2018). Disponível em: lawdigitalcommons.bc.edu/bclr/vol59/iss9/537/ Acesso em: 07 jan. 2021.

SACRAMONE, Marcelo Barbosa. *Comentários à lei de recuperação de empresas e falência*. São Paulo: Saraiva, 2018.

SOARES, Érica Zanon. Conciliação e o Código de Processo Civil. In: NUNES, Ana (Coord.). *Mediação e conciliação*: teoria e prática. São Paulo: Thomson Reuters, 2018.

SOUZA JÚNIOR, Francisco Sátiro de; PITOMBO, Antônio Sérgio de A. de Moraes (Coord.). *Comentários à lei de recuperação de empresas e falência*. São Paulo: Ed. RT, 2005.

SOUZA, Bernardo Pimentel. *Direito processual empresarial*. Salvador: JusPodivm, 2008.

SZTAJN, Rachel; FRANCO, Vera Helena de Mello. *Falência e recuperação da empresa em crise*. São Paulo: Campus, 2008.

WESTBROOK, Jay L., A Comment on Universal Proceduralism (March 2010). Columbia Journal of Transnational Law, Forthcoming, U of Texas Law, Law and Econ Research Paper N. 183, Available at SSRN: https://ssrn.com/abstract=1593108. Acesso em: 03 jan. 2021.